라면의
재발견

라면의 재발견

후루룩 맛보는 라면 연대기

초판 1쇄 발행 | 2021년 1월 15일
초판 3쇄 발행 | 2021년 11월 10일

기   획 | 삼양이건장학재단
지은이 | 김정현 · 한종수

펴낸곳 | 도서출판 따비
펴낸이 | 박성경
편   집 | 신수진
디자인 | 이수정

출판등록 | 2009년 5월 4일 제2010-000256호
주소 | 서울시 마포구 월드컵로28길 6(성산동, 3층)
전화 | 02-326-3897
팩스 | 02-6919-1277
메일 | tabibooks@hotmail.com
인쇄 | 제본 영신사

ISBN 978-89-98439-86-6 03900

값 15,000원

후 루 룩   맛 보 는   라 면   연 대 기

라면의
재발견

김정현·한종수 지음

따비

저녁을 분명히 먹었다. 적은 양을 먹은 것도 아니다. 그런데 밤 늦게 들어온 가족 누군가가 출출하다며 라면을 끓인다. 호기롭게 너나 먹으라고 말한다. 물만 끓을 때는 아무렇지도 않다. 그런데 스프를 넣고 나면, 그 냄새가 슬금슬금 나의 어딘가를 건드린다. 여전히 배는 고프지 않다. 그러니 라면 냄비를 들고 오는 가족 눈치를 보며 젓가락을 챙기게 하는 것은, 그저 식욕이 아니다.

이것은 배가 고플 때 먹었던 라면이 너무 맛있었던 기억 때문일까? 혹시 라면 냄새에 뇌를 자극하는 어떤 성분이 포함될 걸까? 이도저도 아니라면, 그저 파블로프의 조건반사처럼 라면 냄새가 나면 무조건 먹어야 한다고 학습된 걸까? 라면은 참으로 묘한 음식이다.

이 책은 라면이 인체에 어떤 영향을 미치는지 분석하는 책이 아니다. 라면의 기원부터 한국인의 생활·문화에 끼친 영향까지, 라면의 역할에 대한 인문학적 고찰이다.

한국의 1인당 라면 소비량은 몇 년 동안 독보적인 세계 1위다. 라면이 그저 가난한 개발도상국의 대체 식량에 머물렀다면, OECD에 가입한 지 20년이 지나고 세계 10위권의 경제 대국이 된 지금까지 한국인의 라면 사랑이 이어질 리는 없다. 그렇다고 해서 라면이 사치스러운 음식으로 거듭난 것도 아니다. 물론 일반 라면보다 비싼 소위 프리미엄 라면이 없는 것은 아니지만, 값싸고 간편한 인스턴트 음식이라는 정체성이 바뀐 적은 없다.

이런 정체성을 유지하면서도, 라면은 시대에 따라 늘 변신해왔다. 라면 제조회사가 먼저 새로운 콘셉트의 제품을 제안하기도 했고, 소비자들이 능동적으로 라면을 활용하기도 했다. 대체 식량으로 쌀밥 대신 먹었던 라면이 어느새 간식으로, 비상식량으로 그 성격을 바꾸기도 했고, 자기만의 레시피를 만들거나 여러 제조사의 라면 맛을 비교·평가하는 놀이의 대상이 되기도 했다.

그리고 그 모든 변신에는 사회의 변화가 전제됐다. 한국 경제가 성장한 뒤에 라면은 레저를 위한 먹을거리였고, 1인 가구가

증가하고 있는 지금은 편의점에서 주로 팔리는 용기면이 대세가
되었다. 그러니 어찌 보면 라면 속에 한국 사회가 담겼다고 해도
과언은 아닐 것이다.

　이 책은 이런 한국 사회의 변곡점마다 라면이 어떤 역할을 해
왔는지 살피고자 했다. 사회가 요구했던 라면과, 라면이 이끌었
던 삶의 변화를 추적해봤다. 그 과정에서 대한민국 첫 라면을 탄
생시킨 인물도 주시했고, 커다란 사건 몇 가지도 살펴봤다. 그 속
에서 모든 평범한 사람들의 라면이 드러나기를 바랐다. 라면이
이처럼 친근한 음식이기 때문에, 이 글을 읽는 모든 독자들에게
라면에 대한 저마다의 인상과 경험이 있으리라 생각한다. 그 기
억들을 꺼내 볼 수 있는 책이 되었으면 한다.
　마지막으로, 이 책을 쓰는 데 도움을 준 삼양이건장학재단과
삼양원동문화재단 관계자 여러분께 감사의 인사를 전한다.

2021년을 시작하며

차례

|3부| 라면의 새로운 시대

1

라면의
탄생

1장

세상의 모든 국수, 라면

국물이 있는가 하면 볶음이나 비빔도 있다. 밀가루로 만든 것이 다수지만 쌀가루에 당면도 있다. 칼국수, 짬뽕, 짜장, 우동, 스파게티가 망라된다. 세계 국수 박람회가 아니다. 마트와 편의점 식품 코너에 진열된 라면 종류다. 바야흐로 라면 전성시대다.

국수의 사전적 정의는 '밀가루, 메밀가루, 감자가루 따위를 반죽한 다음, 반죽을 손이나 기계 따위로 가늘고 길게 뽑아낸 식품 또는 그것을 삶아 만든 음식'이다. 그렇다면 라면도 국수다. 그것도 가장 빠르고 간편하게 즐길 수 있는 국수다. 라면의 탄생을 더듬어보려면 국수의 역사부터 살펴봐야 한다.

밀을 먹는 사람들, 빻고 빚다

"당신이 먹는 것이 바로 당신You are what you eat"이라는 독일 철학자 포이어바흐의 말에 따른다면, 인간은 무엇을 주식主食으로 먹느냐에 따라 어떤 문명에 속하는지 구분할 수 있을 것이다. 그 첫 번째는 곡물을 알곡 그대로 먹는 문명권이다. 한국을 비롯해 아시아 대부분의 국가가 쌀로 밥을 지어 먹는 '입식粒食' 문명권이다. 벼는 생산성이 높은 장점(씨앗 하나를 재배해 수확할 수 있는 열매가 매우 많은데, 그래서 '벼는 익을수록 고개를 숙인다')이 있지만, 생장기에 고온다습한 기후가 필수적이라 재배 지역이 남아시아에서 동아시아까지의 몬순 기후대로 한정된다.

나머지 대부분의 인류는 곡물을 가루로 만들어 먹는 '분식粉食' 문명권에 속한다. 대표적인 곡물이 밀이다. 밀은 인류가 재배한 작물 중 가장 오래된 것의 하나인데, 기후 적응력이 높아 폭넓은 지역에서 재배된다. 문제는 밀은 알곡 그대로 먹을 수가 없다는 사실이다. 벼를 빻으면 우선 겨가 벗겨져 현미가 남는다. 하지만 밀은 속살인 배젖은 무르고 속껍질인 밀기울은 단단하게 붙어 있기 때문에, 빻으면 알곡 모양으로 남지 않고 으스러져버린다. 자연스럽게 인류는 밀을 가루로 만들어 먹기 시작했을 것이다.

기왕에 가루가 되는 밀을 더 맛있게 먹기 위해, 인류는 밀가루를 더 곱게, 더 하얗게 빻을 수 있는 온갖 기술을 개발했다. 제분製粉 기술을 발달시킨 것이다. 밀 알곡을 그냥 분쇄하면 색이 진한 배아(밀의 씨눈)가 함께 갈린다. 밀가루에 밀기울과 배아가 섞여 들어가면 영양은 풍부하지만 맛이 떨어지고 색깔도 하얗지 않다. 배아를 골라낸 밀가루를 생산하기 시작한 때는 고작 19세기, 우리가 흔히 접하는 새하얀 밀가루가 등장한 지가 채 200년도 되지 않은 것이다.

인류는 먹기 좋은 밀가루의 대량 생산을 위해 끊임없이 기술을 발전시켰다. 밀을 빻는 도구로는 맷돌로 시작하여 수차(물레방아), 풍차를 개발했고, 지금은 거대한 동력장치를 이용하여 밀가루를 대량 생산하고 있다. 제분 기술의 발전은 음식의 역사에서 불의 발견에 버금가는 혁신적인 테크놀로지다.

이 밀가루는 어떻게 먹어야 할까? 여기서 조리법이 다시 둘로 나뉜다. 밀가루를 물로 반죽하는 것은 같지만, 그 반죽을 굽느냐 끓이느냐로 나눌 수 있는 것이다. 반죽을 구운 음식이 빵, 난

(인도의 전통 빵), 과자 등으로 발달했고, 끓인 음식은 국수로 발달했다.

국수에 관한 가장 오래된 기록은 후한後漢(25~220)시대의 사전인《석명釋名》에 나오는데, 그 이름은 '삭병索餠'이다. 새끼줄 삭, 떡 병. 새끼줄 모양의 떡을 뜻하는 단어다. 그런데 한자 병餠은 떡이 아니라 밀가루 반죽을 의미한다. 밀가루를 반죽해 새끼줄 모양으로 빚었다면 국수가 아닐까 추측할 수 있다. 조리법을 포함한 국수의 구체적인 모습은 6세기 전반 남북조시대에 쓰인 가장 오래된 종합 농업기술서《제민요술齊民要術》에 등장한다. 이 책에는 '수인병水引餠'이라는 음식이 등장하는데, 이를 한자 뜻 그대로 풀이하면 '물에 담그거나 띄운 국수 반죽'*이다. 책에서 설명한 수인병의 제조법은 밀가루를 곱게 쳐 육수로 반죽한 다음 손으로 잡아 늘려 길게 만든다는 것이고, 이름은 조리법에서 유래한 것이다.

여기에서도 국수를 의미하는 '면麵'이 아니라 떡을 뜻하는 '병餠'으로 표기됐다는 점에 주목할 필요가 있다. 옛 중국에서는 밀가루를 면麵, 밀가루로 만든 모든 것을 병餠이라 썼다. 즉, '병'에는 떡도 국수도 만두도 모두 포함됐다. '병'의 개념은 이탈리아어

* Q. 에드워드 왕,《젓가락》, 김병순 옮김, 따비, 2017, p. 143.

'파스타pasta'와 닮았다. 파스타도 스파게티와 같은 국수를 뜻하는 것이 아니라 밀가루 반죽으로 만든 모든 음식을 뜻한다. 스파게티뿐 아니라 라자냐, 피자도 파스타인 것이다. 국수는 제분 기술, 즉 밀을 곱게 빻는 기술뿐 아니라 제면製麵 기술, 곧 밀가루를 탄력 있게 반죽해 길게 뽑아내는 기술까지 발달하고 나서 만들어진 요리인 것이다.

카이펑 시민, 국수에 빠지다

그림을 하나 보자. 북송(960~1127)의 수도 카이펑開封을 묘사한 풍속화 〈청명상하도清明上河圖〉*다. 강기슭에 댄 배에서는 쉴 새 없이 짐을 내리고 있고, 다리를 건너는 수많은 사람들이 양옆으로 늘어선 노점을 기웃거리고 있다.

이 그림을 뒷받침하는 기록은 남송시대(1127~1279)에 쓰인 《동경몽화록東京夢華錄》**이다. 맹원로의 이 회고록에는 카이펑

---

* 북송의 화가 장택단張擇端이 청명절清明節에 흥청거리는 카이펑의 인파를 묘사한 풍속화로, 길이 5미터가 넘는 대작이다.
** 송나라가 금나라에 밀려 남하한 후 재건한 남송시대의 저작으로, 맹원로孟元老가 북송의 전성기를 회고하며 쓴 저서. '동경'은 카이펑을 가리킨다.

의 전성기가 묘사돼 있는데, 심야에도 통행금지가 없었고 새벽 4시에 문을 열고 한밤중까지 영업하는 음식점과 상점들이 즐비했다고 한다. 《동경몽화록》에는 당시 카이펑 사람들이 음식점에서 사 먹었던 다양한 국수의 이름이 등장한다. 오동나무 껍질 속의 섬유질을 말려서 갈아 밀가루와 함께 반죽하여 만든 동피면 桐皮麵, 돼지고기 편육을 넣은 국수인 삽육면揷肉麵, 수제비처럼 밀가루 반죽을 뚝뚝 떼서 펄펄 끓는 물에 넣고 삶은 국수인 대오면大熝麵, 돼지고기를 길고 얇게 채 썰어 솥에서 볶은 다음 여기에 뜨거운 물을 붓고 국수를 삶아낸 육사면肉絲麵 등 그 종류가 상당히 많았다.*

많은 학자는 이처럼 송나라 때 국수를 즐기게 된 이유로 도시의 발달을 든다. 많은 사람이 모여들어 도시가 발달하면 그에 맞는 생활양식이 생겨나게 마련이기 때문이다. 북송의 수도 카이펑은 수많은 물자와 사람으로 넘쳐나는 도시였다. 실제로 카이펑은 전성기에는 인구가 150만 명에 달했다. 당시 유럽의 최대 도시인 콘스탄티노플의 인구는 40만, 런던의 인구는 10만 명에 불과했다는 점과 비교하면 어마어마한 규모가 아닐 수 없다. 북

---

* 주영하, 〈우리 밥상에 한 그릇의 국수가 놓이기까지〉, 국립민속박물관 웹진(https://webzine.nfm.go.kr).

북송의 수도 카이펑을 묘사한
장택단의 〈청명상하도〉.

송시대는 교자交子라는 인류 최초의 지폐가 유통될 정도로 상공업이 발달해서, 많은 학자는 송나라가 '산업혁명' 직전 단계까지 갔다고 볼 정도다. 따라서 송나라 때 도시에 살던 사람들은 현대인과 마찬가지로 매우 바빴다.

《동경몽화록》에는 "장사하는 사람 집에서는 식사 때마다 음식점에서 요리를 시켜 먹어서 집에서 반찬을 준비하지 않는 경우가 많다"라는 기록이 있다. 또한 북방요리점, 남방요리점, 사천요리점처럼 지방색이 강한 음식점, 또는 기름에 튀긴 빵이나 북방 민족의 요리 등 전문적 메뉴만 취급하는 음식점이 번창했다는 내용도 있다. 당시 카이펑에는 정점正店이라고 부르는 큰 음식점이 72곳이나 있었고, 그보다 작은 규모의 가게인 각점脚店은 그 수를 헤아릴 수 없을 정도로 많았다고 한다. 즉 카이펑의 거리는 바쁜 이들을 위한 '외식의 천국'이었다.

이 외식의 핵심이 바로 면이었다. 파는 사람의 입장에서는 식사 시간이 되면 몰려드는 손님들을 감당하기에 국수만큼 훌륭한 음식이 없었다. 국수는 다른 재료와 함께 조리를 해도 모양이 변하지 않고, 미리 삶아놓았다가 살짝 데쳐서 국물을 붓고 고명만 얹어도 되는데다 다양한 재료와의 조화가 가능했다. 빨리 먹을 수 있는 음식을 원했던 카이펑 시민에게도 후루룩 넘어가는 국수가 최적의 메뉴였다.

물론 경제적 여유가 생긴 카이펑 사람들이 편하고 빨리 나오기만 한다고 맛이 없는 음식을 선택했을 리는 없다. 다양한 재료 및 조리법으로 변신이 가능한 국수의 맛과 매력이 그들의 입맛을 사로잡았을 것이다.

북송시대에 국수가 대중화되었다는 것을 짐작할 수 있는 또 하나의 근거는 "옛날에는 숟가락을 썼지만 지금은 모두 젓가락을 사용한다"라는 《동경몽화록》의 문장이다. 이는 국수를 비롯해 만두(바오즈와 자오즈)나 찐빵(만터우) 같은 면 요리가 대중화되어 젓가락으로 먹는 일이 많아졌다는 당시의 상황을 짐작하게 한다. 중국에서 국수, 만두 같은 면 요리가 기장, 수수 등으로 끓인 죽이나 밥을 대신하면서 주식이 되었고, 자연스럽게 중국인들은 숟가락을 쓰지 않게 되었기 때문이다.

북송시대 이후 중국에서는 면을 만드는 방법과 조리하는 방법이 다양해졌고, 이에 따라 면의 이름도 세분화되었다. 수타면처럼 밀가루 반죽을 손으로 길게 늘려 만들면 납면拉面이라고 부르고, 지금 우리가 칼국수 면을 만들듯 반죽을 얇게 편 뒤 말아서 칼로 썬 것은 수공면手工面이라 했다. 또한 반죽을 크고 길쭉한 덩어리로 만들어 한쪽 손과 어깨에 지고 다른 손으로 칼로 스치듯 베어내어 만드는 것을 도삭면刀削面이라 하는데, 모두 오늘날까지 이어지는 면 제조법이다.

중앙아시아에서 중국으로, 중국에서 세계로

밀의 원산지이자 지금도 많은 밀 수출량을 자랑하는 곳은 흑해 연안의 중앙아시아다. 그렇지만 국수를 세계로 전파한 곳은 중국이다. 당·송시대 이래 중국은 명실상부 전 세계 경제·문화의 중심지였다. 실크로드를 통해 이슬람 세계를 넘어 유럽과의 교역도 활발했다. 동으로는 인접한 한반도 및 일본 열도, 남으로는 동남아시아 지역과 때로는 정복을 통해, 때로는 조공무역을 통해 사람과 문화가 서로 섞여들었다.

특히 동남아시아 지역으로 진출하는 데서 큰 계기가 된 것은 명나라 영락제 때 있었던 정화의 원정*이다. 29년간이나 이어진 이 대규모 해상 활동을 통해 중국인의 동남아시아 이주, 즉 화교의 진출이 본격화되었다. 이때 동남아시아에 남은 수많은 중국인이 국수를 그리워했다. 그러나 밀의 재배에 적합지 않은 동남아의 기후 탓에 밀가루 대신 쌀가루로 국수를 만들었으니, 이렇

---

* 명나라 영락제의 명을 받고 환관 정화가 중심이 되어 진행한 대규모 해상 활동으로, 1405년부터 1433년까지 29년 동안 7회에 걸쳐 남중국해, 인도양을 거쳐 아프리카의 해안까지 다녀왔다. 동남아시아와 서남아시아의 30여 나라를 원정했는데, 명나라의 위세를 과시하고 교역을 맺는 것이 목적이라 공격보다는 협정을 맺고 각국의 문물을 수집하는 데 집중했다.

게 쌀국수가 탄생했다. 한반도와 일본 열도 역시 밀의 재배에 적합지 않은 기후 탓에 밀 대신 메밀가루를 반죽해 국수를 만들어 먹었다. 한국에서는 냉면(과 막국수), 일본에서는 소바そば(메밀국수)가 대표적인 면 요리로 자리 잡은 것이다.

오히려, 밀을 주곡으로 삼은 유럽에서는 국수가 빵의 자리를 넘보지 못했다. 밀가루 반죽을 끓이는 것이 아니라 굽는 조리법이 중심이 되었기 때문이다. 다만 이탈리아에서만큼은 예외다. 파스타는 이탈리아어로 반죽을 의미하며, 얇게 편 밀가루 반죽을 적절히 잘라놓으면 모두 파스타라고 부를 수 있다. 《동방견문록》을 남긴 베네치아의 상인 마르코 폴로가 13세기 베이징을 비롯해 중국 전역을 여행하면서 맛본 국수 요리를 고향 이탈리아로 들여오면서 파스타로 정착했다는 설이 퍼진 적도 있지만, 이미 12세기 시칠리아에는 '잇트리아'라는 건조면 형태의 파스타가 있었다. 파스타의 유래는 확실히 전해지지 않으나, 이슬람 문화권을 통해서 전래됐다는 설이 유력하다.

국수만큼 다양하고 간편한 음식이 있었던가

그렇다면, 도대체 어떤 매력이 밀 재배에 적합하지 않은 동남아시아나 한국, 일본에서도 국수에 빠져들게 만들었을까?

앞서 북송의 카이펑에서 바쁜 도시인들이 간편하게 즐긴 외식의 주 메뉴가 국수라고 밝힌 바 있지만, 국수는 연회 음식이기도 했다. 우리나라에서는 소면을 끓여 낸 국수를 '잔치국수'라 부른다. 잔칫날 먹는 국수이기 때문이다. 결혼식이나 생일 같은 잔칫날 국수를 먹는 전통은 중국에서부터 시작됐다. 길쭉한 면발이 장수나 백년해로를 보장한다는 의미가 부여되었지만, 사실은 미리 준비해놓고 여러 사람을 접대할 수 있다는 편리성 때문에 잔치 음식이 된 것이다. 면을 미리 삶아 사리를 틀어놓고, 사람들이 모이면 그릇에 사리를 담고 뜨끈한 육수를 부어 내면 되기 때문이다.

이런 편리성 때문에 일본에서도 국수는 패스트푸드로 발달했다. 도쿠가와 이에야스德川家康가 전국시대의 혼란을 끝내고 평화기를 맞자, 중심지 에도江戸(지금의 도쿄)로 사람과 돈이 모여들었다. 에도막부는 지역 세력을 억누르기 위해 각 번의 다이묘*들이 정기적으로 에도를 방문해 머무르게 하는 참근교대參勤交代라

---

* 10세기에서 19세기에 걸쳐 일본 각 지방의 영토를 다스리며 권력을 누렸던 영주 중 1만 석 이상의 소출을 내는 영토를 보유한 봉건영주를 다이묘大名라 한다. 이 다이묘가 지배한 영역과 그 지배 기구를 가리키는 용어가 번藩이다.

에도시대의 포장마차.

는 제도를 운영했다. 에도에는 다이묘들을 수행해온 수많은 인력이 머물렀고, 이들의 의식주 해결을 위해 상공업이 발달할 수밖에 없었다.

다이묘들이 거느린 무사와 에도의 조닌町人(장인, 노동자, 상인)들로 인해 에도는 활기가 넘쳤다. 특히 비좁은 목조건물에서 생활하던 조닌들은 밖에서 끼니를 해결하는 경우가 잦았고, 자연스럽게 이들을 상대하는 음식점이 늘어났다. 대부분의 조닌은 비싼 음식을 사 먹을 형편이 못 되었는데, 그래서 '야타이'라고 하는 일종의 포장마차를 주로 이용했다. 야타이 외에도 절과 신사의 경내나 강변의 선착장, 건축현장 주변에 간이식당이 많았는데, 1806년에는 야타이를 비롯한 음식점이 6,000여 곳 이상 성업했다고 한다.

이런 식당에서는 대부분 미리 익혀놓은 소바에 국물을 끼얹어 파는 방식을 취했는데, 에도 사람들은 이를 '가케소바かけそば'라고 불렀다. 가케는 '끼얹다'라는 뜻이다. 이렇게 뜨거운 국물을 면에 '끼얹는' 방식은 훗날 안도 모모후쿠가 발명한 최초의 인스턴트 라면에도 그대로 적용됐다.

반면 한국에서는 패스트푸드조차 밥이었다. 바로 국밥이다. 한 솥 지어 식혀놓은 밥을 그릇에 담고 펄펄 끓는 국을 토렴해내는 국밥이 바로 주막에 들른 나그네들이 주모에게 청하던 조선의 패스트푸드다. 대신 국수는 고급 음식으로 대접받았다. 밀가루가 귀한 식재료였기 때문이다. 조선 후기의 한글 조리서인 《음식디미방》에 '세면細麵'이라는 국수의 조리법이 소개된다. 이는 녹두 전분을 반죽해 가늘게 썰어 채소 장국에 말아내는 국수로, 밀가루 국수가 아니다. 다만 녹두 전분을 내는 정성과 반죽을 가늘게 썰어내는 솜씨를 자랑하는 음식으로, 왕실 잔칫상에도 올랐던 국수로 알려져 있다.

국수의 또 다른 매력은 다양성이다. 일단 면을 삶는다는 전제만 지킨다면, 어떤 국물에 말아낼 수도 있고, 양념장을 비롯해 다양한 소스에 비벼낼 수도 있으며, 채소나 고기와 함께 볶아내도 된다. 이렇게 다양한 재료와 함께 조리할 수 있기에, 반찬과 함께 먹어야 하는 밥과 달리 일품요리로 혼자 설 수 있었고, 이는 또한 간편한 외식 메뉴로 발달할 수 있는 이유가 되었다.

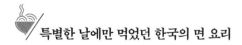
특별한 날에만 먹었던 한국의 면 요리

한반도에 처음 밀이 도입된 시기는 삼국시대라고 하는데, 연교차가 크고 여름에 고온다습한 기후가 밀의 재배에 맞지 않는 탓에 우리 민족의 주요 경작물로는 자리 잡지 못했다.

국수에 대한 기록은 1123년경 북송의 사신이었던 서긍徐兢이 고려를 방문하여 쓴《선화봉사고려도경宣和奉使高麗圖經》에서 처음 등장하니, 국수 제조법은 그 이전에 도입되었을 것이다. 고려 중기였던 1241년 이규보李奎報의《동국이상국집東國李相國集》에서도 그 기록을 찾아볼 수 있다. 고려에서 밀은 중국 산둥山東 지역에서 수입하는 귀한 식재료였고, 국수는 사신에게 대접하거나 귀족이나 맛볼 수 있는 진귀한 음식이었다. 학자들은 송나라에 유학을 갔다 온 승려들이 고려에 국수 만드는 법을 전했을 것이라고 추측하고 있으며, 절에서 면 요리를 만들어 먹었다는 기록도 있다.

한반도에서 밀이 귀하다 보니, 국수를 말할 때 밀로 만든 국수는 '밀국수'로 구분했다. 음력 6월 15일인 유둣날에는 초여름 수확한 밀로 국수를 만들어 먹는 세시풍속이 있었지만, 누구나 먹기에는 밀이 귀했다. 조선시대 국수는 대부분 메밀로 만들었다. 산지가 많은 한반도 지형에서 가장 짓기 좋은 작물이 메밀이기 때문이다. 지금 우리는 냉면이라고 부르지만 국수는 애초에 메밀국수를 가리키는 말이었다. 백석의 시 〈국수〉도 메밀로 만든 냉면을 표현한 것이다. 산간에서 수확한 메밀이 모이는 도시인 평양과 진주는 대표적인 냉면의 고장으로 이름이 높았다. 그리고 강원도의 막국수 또한 메밀로 만든 대표적인 국수다.

조선 후기 한글 조리서인 《음식디미방》에는 몇 가지 국수가 소개된다. 하나는 메밀가루와 녹두가루를 섞어 반죽하여 만드는 것이다. 그리고 녹두 전분을 반죽해 가늘게 썰어내는 '세면'도 있다. 조선 왕실의 연회 음식 차림인 '음식발기'에도 '면'이 나오는데, 왕을 제외한 이들에게는 메밀국수를 낸 것으로 추정된다. 혼례 등 왕실 잔치에서는 녹두국수인 '세면'을 대접하기도 했다. 즉, 조선을 대표하는 국수는 밀보다는 잡곡을 이용하거나 잡곡에 소량의 밀가루 혹은 녹두 등의 전분을 섞은 것이었다. 조선 후기에는 새로 들어온 작물인 옥수수, 감자를 재배하면서 새로운 국수가 탄생한다. 옥수수 전분으로 만든 강원도의 올챙이국수와 감자 전분으로 만든 함경도의 농마국수가 대표적이다.

일제강점기에는 황해도에서 밀을 많이 재배했다. 1919년 일

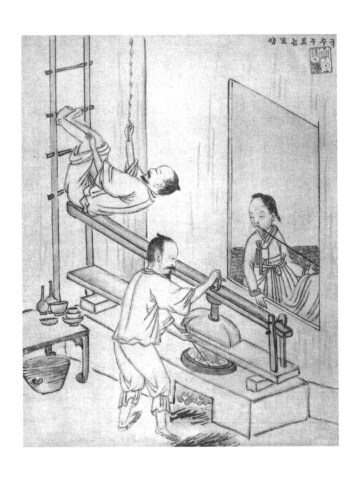

메밀로 빚은 냉면을 뽑는 장면을 묘사한
김준근의 〈국수 누르는 모양〉, 19세기 말.

본인에 의해 황해도 인근 평안남도 진남포에 제분 공장이 들어섬으로써 밀가루의 대량 생산이 이루어졌지만, 대부분의 밀가루는 만주로 수출했기 때문에 국내 소비용 밀가루는 오히려 수입해야 했다. 1920년대 초반 경성(서울)에는 기계를 이용해 밀가루로 소면을 만드는 공장이 5곳 이상 생기기도 했지만, 밀가루로 만든 국수가 대중화된 것은 1945년 해방 이후 미국에서 식량 원조용 밀이 들어오면서다.

1950년대에는 미국에서 원조로 들어온 밀가루를 가공하는 국수 공장이 부산과 대구에 다수 들어섰다. 지금도 널리 이름이 알려진 부산의 구포국수는 전국 생산량의 80퍼센트를 담당하기도 했는데, 이 국수가 잔치국수에 사용하는 소면이다. 1954년 한국에서는 9만 톤의 밀이 생산되었지만 대부분 농가에서 자가 소비하는 수준이었다. 결국 미국에서 밀이 들어오면서 보통 가정에서도 밀가루를 구하기 쉬워져 칼국수나 수제비를 해 먹었고 지역마다 생긴 국수 공장에서 소면을 사다 삶아 먹을 수 있게 된 것이다.

2장

인스턴트 라면이 등장하다

최초의 인스턴트 라면은 일본에서 탄생했다. 일본은 한반도와 마찬가지로 밀 재배에 적합하지 않은 기후와 지형을 가졌다. 그런 일본에서 어떻게 최초로 공업화된 면을 생산할 수 있었을까? 국수가 제분과 제면이라는 기술의 산물이듯, 인스턴트 라면의 생산에는 미리 익혀놓은 면이 뜨거운 물과 만나 부드럽게 풀어지게 하는 기술의 개발이 필요했다. 물론 밀가루라는 식재료의 원활한 공급이 전제되어야 함은 두말할 필요가 없다.

그보다 더 중요한 것은 그런 음식을 누가 필요로 하는가다. 제2차 세계대전 패전 이후 불황과 굶주림 속에서 값싼 음식으로 칼로리를 채워야 했던 거대한 인구가 존재했던 일본의 상황이 인스턴트 라면의 진짜 배경일 것이다.

노동자의 국수, 라멘

라면(라멘ラーメン)은 일본을 찾는 관광객이라면 우동, 스시, 소바 등과 함께 반드시 먹어봐야 할 음식으로 손꼽힌다. 역사가 그리 길지 않은 음식이지만, 일본인의 소울푸드soul food로 자리매김한 것이다. 다만, 소바와 우동, 스시가 장인의 솜씨를 뽐내는 음식으로 대우받는 데 비해 라멘은 저렴하게 즐기는 서민의 음식으로 정착했다.

우리는 라면/라멘을 일본 음식으로 알고 있지만, 정작 일본인들은 라멘을 중국 음식이라고 생각한다. 라멘의 원형이 된 국수는 주카소바中華そば다. 주카소바는 원래 지나소바支那そば라고 불렸다. 나가사키 잔폰(짬뽕)이 처음에는 시나우동으로 불렸듯, 중국에서 들어온 국수라는 의미다. 그리고 여기서 소바는 메밀 면이 아니라 밀가루 면이다. 지나/시나는 차이나China의 일본식 발음인데, 조선을 조센으로 부르는 것과 마찬가지로 멸칭의 뉘앙

스가 있다. 일본이 제2차 세계대전에서 패전한 후 승전국인 중국의 요청에 의해 시나소바는 주카소바로 바뀌어 불리게 되었다.

메이지시대(1868~1912) 중기 요코하마와 나가사키 차이나타운의 길거리 음식인 난킹소바南京そば가 대중적인 인기를 얻으며 번졌고, 이 음식의 이름이 지나소바를 거쳐 주카소바로 정착했다. 주카소바는 먼저 일본에 정착한 중국인들이 먹는 음식으로, 곧이어 일본인도 즐기는 대표적인 중국 음식으로 인기를 얻었다.

일본에는 이미 밀가루로 만든 면 요리인 우동이 있었다. 게다가 우동은 일찍이 중국으로부터 제분·제면 기술을 도입한 이래 오랫동안 먹어온 음식이었다. 그렇다면, 주카소바의 어떤 매력이 일본인들에게 어필한 것일까? 우동의 면발은 희고 고운 반면 주카소바의 생면은 약간 노르스름한데, 밀가루 반죽에서의 차이 때문이다. 밀가루, 소금, 물로 반죽하는 우동과는 달리 주카소바는 알칼리 성분이 함유된 간수로 밀가루를 반죽해 만든다. 밀가루에 알칼리 성분이 들어가면 노르스름하게 변하고, 반죽에 탄력을 주어 면발을 쫄깃하게 만들어준다. 우동 반죽은 탄력을 얻기 위해 손으로 치대고 발로 밟는 등 많은 힘을 들여야 하지만, 주카소바 반죽은 간수 덕분에 적은 노력으로 탄력이 생긴다.

또한 가쓰오부시 육수에 간장을 더한 우동 국물과는 달리, 주카소바 국물은 닭고기, 돼지고기 등으로 만든 육수에 채소를 더해 진한 맛을 냈다.

주카소바가 '라멘'이라는 이름으로 바뀐 이유에 대해서는 아직 정설이 없다. 중국의 납면拉麵(중국어 발음 lamian) 혹은 유면柳麵(중국어 발음 liumian)에서 왔다는 설이 있지만 확실하지는 않다. 다만 1900년 요코하마 차이나타운에서는 이미 '라우멘'이라는 메뉴가 등장했다는 사실은 알려져 있다. 현재까지 주카소바라는 이름으로 장사를 하는 라멘집은 흔하며, 중화요릿집은 대부분 라멘을 팔고 있다.

일본 라멘의 기원은 인천에서 중국인 노동자의 음식으로 시작한 우리의 짜장면과 닮았다. 중국을 고향으로 한 이 두 가지 면 요리는 그 역사가 한 세기를 넘겼다는 역사성, 본토를 능가하는 인기와 대중성, 남성 노동자들의 음식이었다는 기원 등 여러모로 공통점이 많다.

메이지시대부터 시작된 주카소바의 인기는 산업화가 시작된 일본에서 더욱 커졌다. 많은 농민들이 도시로 몰려들었고, 그들 중 상당수는 일하는 시간이 일정하지 않았다. 그 옛날 송나라 카이펑에서 주문하면 바로 먹을 수 있는 국수가 인기를 끈 것처럼, 또 소바가 에도의 패스트푸드로 조닌들의 주식이 되었던 것처럼, 값도 싸고 열량도 높은 주카소바는 도시로 몰려든 노동자들에게 딱 맞는 식사로 정착했다.

1945년 이후 일본 전역에 걸쳐 주카소바를 파는 작은 음식점이나 노점이 늘어났고, 말린 멸치나 가쓰오부시 등을 육수에 첨가하는 등 일본인의 입맛에 맞게 변화되면서 일본에서 먹을 수 있는 주카소바의 종류가 더 많아졌다. 이처럼 완전히 일본화되고 메뉴의 종류도 다양해지자, 새 이름을 붙이려는 노력이 여기저기에서 시도되었다. 그런데 놀랍게도 '라멘'이라는 명칭은 인스턴트 라면이 탄생한 후인 1960년대에 들어서 보편화되었다.

인스턴트 라면의 창시자 안도 모모후쿠

이제 인스턴트 라면의 창시자가 등장한다. 그의 이름은 안도 모모후쿠安藤百福. 원래 대만인으로, 이름이 우바이푸吳百福였는데 일본으로 귀화하면서 개명했다. 안도 모모후쿠는 1910년 당시 일본의 식민지였던 대만 지아이현에서 태어났다. 어린 나이에 부모를 잃고 가난한 유년 시절을 보냈던 그는, 청년 시절 일본으로 넘어가 1934년 리쓰메이칸대학 전문학부 경제과를 수료했다.

1945년 제2차 세계대전 패전 이후, 일본의 경제는 처참할 정도로 무너졌고 사람들은 끼니를 걱정해야 할 상황이었다. 이런 시절에는 싸고 든든한 먹을거리가 없을까 궁리하는 사람이 많아지게 마련인데, 많은 사업에 손을 댔지만 결국 실패하고 어려움을 겪던 안도 모모후쿠도 그중 한 명이었다. 1948년 11월, 그는 누더기 옷을 입은 사람들이 주카소바를 사 먹기 위해 오사카 암시장에 길게 늘어선 행렬을 보았다. 훗날 안도 모모후쿠는 이 광경을 보고 주카소바를 공업적으로 생산할 생각을 했다고 밝혔다. 주카소바를 싸게 공급했을 때 만들어질 거대한 시장을 감지한 것이다.

안도 모모후쿠가 일본인의 굶주림을 해결하기 위해 인스턴트 라면을 개발하기까지는 결정적인 문제를 하나 해결해야 했다. 바로 식재료의 수급이다. 만약 미국에서 대량으로 밀가루 원조를 하지 않았다면, 안도 모모후쿠가 개발한 식품은 다른 것이었을지도 모른다.

미국 정부가 농촌의 경작 체제를 대량 생산에 맞게 전환시키면서 1953년과 1954년 미국의 밀농사는 대풍작을 거두었다. 제2차 세계대전 후 미국은 남아도는 밀을 유상 또는 무상으로 서유럽 국가들에게 원조했다. 전쟁으로 황폐화된 서유럽의 경제 회복을 돕기 위해서이기도 했고, 소련의 영향력이 서유럽까지 미

신용조합 이사장으로 집무하던
안도 모모후쿠. 40대로 추정.

치는 것을 막기 위해서이기도 했다. 서유럽 국가의 농업 생산력이 빠르게 회복되어 더 이상 밀 원조가 필요 없어지자, 미국은 한국과 일본 및 저개발국으로 눈을 돌린다.

일본에 대량의 원조용 밀이 제공되자 일본 정부는 그 밀로 빵을 만들어 초등학교에 먼저 배급했다. 이와 더불어 탈지분유로 만든 우유와 달걀, 쇠고기 같은 단백질 음식의 적극적인 섭취가 대대적으로 권장되었다. 그러나 안도 모모후쿠는 이와 같은 서양식 식생활이 일본인에게 뿌리내릴 수는 없을 것이라 생각했다. 그는 다음과 같은 회고를 남겼다.

"일본인의 식생활과 빵은 소위 물과 기름 같은 거죠. 어딘가 부조리가 있어요. …… 빵이 나쁘다는 얘기가 아니에요. 그렇지만 그들(서구인)은 고기나 유제품을 대량으로 소비하니 주식으로 빵을 먹을 수 있어요. 그런데 일본의 전통적인 식생활은 어떤가요? 된장국, 낫토, 장아찌에, 기껏해야 생선이죠. 녹차를 마시면서 빵을 먹는 건 궁합이 안 맞죠."*

일본인의 주식인 쌀이 절대적으로 부족한 상황에서 굶주림

---

* 하야미즈 겐로, 《라멘의 사회생활》, 김현욱·박현아 옮김, 따비, 2017. pp. 63-64.

을 벗어날 길은 당장 구할 수 있는 밀가루를 활용한 음식의 개발이었다. 안도는 동양에도 밀가루로 만든 식생활 문화, 즉 면 문화가 있다는 사실을 떠올리고 후생성(우리나라의 보건복지부에 해당)에 면 요리를 장려하자고 제안했다. 그러자 후생성 담당자는 "그렇게 말하는 당신이 연구를 해보시든가"라고 대꾸했다. 사업가인 동시에 발명가였던 안도는 결국 인스턴트 라면을 발명해냈다.

사실 인스턴트 면 제품은 안도 모모후쿠 이전에도 꾸준히 개발되고 있었다. 그와 마찬가지로 미국에서 원조로 들여오는 풍부한 밀가루를 활용하려는 사람이 꽤 많았던 것이다. 1953년에는 즉석 굴곡면으로 특허를 받은 사람도 나왔고, 1955년에는 '즉석 중화면'이 시판됐다. 1956년에는 일본의 남극탐사대가 즉석면을 챙겨 떠나기도 했다. 그러나 모두 실용성과 맛이 떨어졌다.*

라면은 동아시아의 면 문화에 미국의 잉여 농산물이 합쳐져 만들어진 음식이라고 볼 수 있을 것이다. 그런데 인스턴트화하려는 대상이 왜 역사가 더 오래된 우동이 아니라 라멘이었을까? 여기에는 그의 출신도 영향을 끼쳤을 것이다. 그가 처음 개발한

* 《서울경제》, 2016년 8월 26일.

치킨라면은 대만에서 많이 먹는 '계사면(기스면)'과 유사한 점이 있다. 또한 긴 전통을 이어와 장인의 음식이라는 이미지를 가진 우동에 비해, 서민의 음식이라는 이미지를 가진 주카소바가 대량 생산과 대량 소비에 더 적합하리라 판단했을지도 모른다. 하지만 더 결정적인 것은 면의 굵기였다. 긴 조리 시간이 필요치 않은 가는 면이야말로 안도가 추구한 '인스턴트'에 꼭 필요한 요소였다.

인스턴트 라면 개발의 관건은 어떻게 면을 익힌 채로 판매하여, 소비자들이 뜨거운 물만 부으면 먹을 수 있게 하는가였다. 안도 모모후쿠는 튀김에서 아이디어를 얻었다. 면을 기름에 튀기면 수분이 증발하면서 면발에 미세한 구멍이 생긴다. 이를 건조시켜 건면을 만들었다가 뜨거운 물을 붓고 가열하면, 튀길 때 생긴 작은 구멍으로 물이 침투해 원래의 상태로 부드럽게 풀어지는 것이다. 이런 단순한 원리가 인스턴트 라면 개발에 결정적인 실마리를 제공했다. 나중에는 이 공법을 '순간 유열 건조법'이라고 부르게 된다.

수많은 실패 끝에 1958년 8월 25일, 드디어 안도 모모후쿠는 면을 튀겨 양념을 입힌 다음 다시 건조시킨 인스턴트 라면을 상표명 '치킨라면'으로 대중에게 내놓는 데 성공한다. 세계 최초의 인스턴트 라면은 봉지에서 꺼낸 면을 그릇에 담고 뜨거운 물을 부어 3분이면 면이 익고, 면에 입혀진 양념이 우러나와 육수가 되는 방식이었다. 일본 최대의 식품 기업으로 성장하는 닛신 식품日淸食品의 탄생이었다. 훗날 세계라면협회WINA가 생겼고, 협회는 8월 25일을 '인스턴트 라면의 날'로 제정해 매년 기념하고 있다.

오랜 역사와 현대 기술의 합작품

안도 모모후쿠가 발명한 인스턴트 라면은 미국에서 대량 생산된 밀가루에 당대의 최신 테크놀로지와 자신의 아이디어를 결합한 것이다. 하지만 라면 제조법에는 기본적으로 '밀가루를 물, 소금 등과 적절한 비율로 섞고(배합) → 반죽을 얇고 평평하게 밀고(압연) → 면을 뽑고(제면) → 익히고(증숙) → 식히고(냉각) → 말리는(건조)' 기존의 면 제조 과정이 고스란히 녹아 있다. 고대인들이 창안하여 3,000년의 시간을 통해 발전되어 인류에게 전해 내려온 제면법이 여전히 기본이 되는 것이다. 간편함을 추구하는 현대인들의 대표음식 격인 인스턴트 라면 속에 수천 년의 국수 역사가 압축되어 있는 셈이다.

치킨라면이 대박을 터뜨리자 많은 후발주자들이 라면 시장에 뛰어들어 원조 논쟁과 특허 분쟁이 어지럽게 벌어졌다. 이런 시장의 혼란을 잠재우기 위해 일본 식량청장은 안도 모모후쿠를 불러 인스턴트 라면 업계를 정리해달라고 부탁했다. 라면 제조에 관한 특허를 가지고 있던 안도 모모후쿠의 입장에서는 "식량청에서 유사품을 정리해주셔야 하는 것 아닙니까?"라고 반발할 법한데, 오히려 그는 순간 유열 건조법 등 자신이 심혈을 기울여 개발한 특허 기술을 세상에 공개함으로써 분란을 일시에 잠재웠다.

안도는 여기서 그치지 않고 또 하나의 혁신적인 정책을 내놓았다. 바로 제조일자 표시였다. 당시에는 가공식품에 제조일자를 표시한 경우가 거의 없었기에, 혼자 튄다는 식의 비난이 쏟아졌다. 하지만 제조일자 표시의 효과는 엄청났다. 소비자들이 유통 기한이 지난 제품을 사지 않게 되었음은 물론이고, 상점 주인과 종업원이 제품 관리에 신경을 쓰게 되었다. 닛신식품으로서는 유사 제품과 뚜렷한 차별화를 이룰 수 있었던 것이 가장 중요한 포인트였다.

이후 안도 모모후쿠는 농림수산성의 요청으로 '사단법인 일본 인스턴트식품공업협회'를 창립하여 회장을 맡았다. 이 협회의 기본적인 업무는 기업과 대중에게 업계 관련 정보를 소개하거나 기업 간의 분쟁을 중재하고, 불량식품의 제조를 감시하는 등 라면 업계 전체의 이익을 보호하는 것이었다. 또한 농산물의 규격화 및 품질 표시의 적정화에 관한 법률에 따른 표시 제도인 '일본농림규격JAS'을 제정했는데, 이를 시작으로 소비자를 보호하는 장치가 하나 둘 생겨나게 되었다.

안도 모모후쿠는 97세까지 장수를 누리다가, 2007년에 세상을 떠났다. 거의 매일 인스턴트 라면을 먹고, 사망하기 며칠 전까지도 골프를 즐길 정도로 정정했다고 한다. 그의 장례식에는 나카소네 야스히로 전 총리를 비롯한 일본 정재계 유명인사 6,500명이 참석하여 인스턴트 라면이라는 혁명적인 식품을 남기고 떠난 고인을 추모했다.

스프 별첨 라면이라는 대혁신

치킨라면이 대단한 발명품임은 틀림없지만 지금의 라면에 비하면 보존성이 좋지 않았고, 무엇보다 기름이 산패하는 경우가 많았다. 이 때문에 식중독에 걸리는 소비자도 드물지 않게 나타났다. 제품의 문제이기도 했지만, 상점에서 라면을 어떻게 보관해야 하는지에 무지한 탓이기도 했다.

당연히 이 문제를 개선하기 위해 여러 업체들이 연구에 뛰어들었다. 그중에는 일본 건면乾麵 시장의 선두 주자이자, 이어서 라면 사업에도 뛰어든 오쿠이 기요스미奧井清澄 사장이 이끄는 묘조식품明星食品도 있었다. 오쿠이 기요스미는 은행원 출신으로, 패전 후 젊은 나이에 묘조식품을 창업한 다음 자동 건조장치를 발명하여 건면 제조에 있어서는 일본 최고의 자리에 오른 인물이었다.

하지만 그는 이에 만족하지 않고 미래가 창창한 라면 시장에 뛰어들기로 결심했다. 면에 대해서는 누구보다 자신이 있었던 오쿠이 기요스미였지만, 기름에 튀긴 라면에 있어서는 초보자였다. 더구나 양념과 국물에 대해서는 완전히 무지했다. 이를 보완하기 위해 그는 수많은 중국 음식 전문가들을 만나면서 연구에 연구를 거듭했지만 제품으로 생산하기까지 수많은 실패를 겪어야 했다. 결점을 보완하여 재출시한 라면이 가게 주인들의 무지로 직사광선에 노출되어 산패하는 바람에 모두 회수할 수밖에 없었고, 이로 인해 큰 손실을 입은 적도 있었다. 그럼에도 그는 포기하지 않고 수십 번의 실험을 계속한 끝에 안정적인 '묘조 맛라면'을 완성하는 데 성공했다.

그는 여기서

만족하지 않았다. 스프를 따로 포장한 인스턴트 라면인 '스프 별첨 묘조라면'을 세계 최초로 개발한 것이다. 안도 모모후쿠가 개발해 그 당시까지 인스턴트 라면의 표준처럼 출시되던 라면은 면을 반죽할 때 이미 간을 해서, 별도의 양념 스프 없이 물만 부으면 되는 것이었다. 편리하긴 하지만 뭔가 맛이 부족한 음식이 되는 것은 어쩔 수 없었다. 이런 단점을 극복하기 위해 묘조식품 직원이 분말 스프를 따로 만들어 넣으면 어떻겠느냐는 아이디어를 냈고, 이를 현실화해 '스프 별첨 묘조맛라면'을 출시한 것이 1962년의 일이었다.

스프 별첨 라면은 양념이 들어간 면의 산패를 효과적으로 방지했으며 소비자가 채소나 달걀을 넣어 조리할 수 있어 훨씬 맛이 좋았다. 이 때문에 이후로는 스프 별첨 라면이 대세가 되었고, 오늘날까지 내려오게 되었다.

이런 측면에서 보면 오쿠이 기요스미는 라면의 '중시조中始祖'에 오른 셈이었다. 시조가 나온 지 불과 4년 후에 새로운 제품과 시스템을 개발했다고 '중시조'라고 부르는 것은 무리라고 생각할 수도 있겠지만, 스프 별첨 라면이라는 새로운 대세를 만들어낸 것을 감안하면 결코 과한 표현이 아닐 것이다.

수천 년 전에 등장한 국수는 수많은 시대와 지역을 거치며 발

빠르게 그 모습을 바꾼 끝에 산업화 시대를 맞이했다. 그리고 결국 인스턴트 라면으로까지 변신하여 이렇게 세상에 나왔다. 일본에서 탄생한 라면은 몇 년 지나지 않아 바다를 건너 한국으로 진출한다. 동아시아 산업화 시대의 상징이라 할 수 있는 인스턴트 라면은 한국에서는 어떤 풍파 속에서 무슨 진화 과정을 거쳐 지금에 이르게 되었을까? 이제 대한민국 라면의 역사 속으로 들어가보자.

2

대한민국
라면의 시작

3장

라면, 바다를 건너다

1945년 8월 15일. 일제의 패망으로 우리 민족은 감격스러운 해방을 맞이했지만, 남북으로 나뉘어 미국과 소련의 신탁통치를 받게 되었다. 당시 일제의 극심한 수탈에 따른 후유증과 미군정의 실정으로 우리의 식량 상황은 날로 악화되었다. 설상가상 한국전쟁으로 인해 식량을 생산할 수 있는 기반마저 파괴되었다.

1953년 휴전 후 미국은 한국의 식량난 해소를 위해 밀가루, 분유 등을 원조했다. 정부는 원조로 들어온 밀과 원당(설탕의 원료)을 싼 가격으로 기업에 제공해, 제분과 제당을 중심으로 한 한국 식품산업이 시작되었다. 그러나 한국민 대다수의 굶주림은 점점 심각해지고 있었다.

잘나가던 보험 회사 사장님과 꿀꿀이죽

꿀꿀이죽. 잡식성 가축인 돼지를 키우는 집에서는 사람이 먹고 남은 잔반에 이것저것을 섞어 돼지 사료로 쓴다. 그러니까 꿀꿀이죽이란 돼지나 먹는, '쓰레기'에 가까운 어떤 것이다. 사람이 먹을 것이 아니라는 말이다. 그러니 이 단어는 절대적인 굶주림을 연상시킬 수밖에 없다. 한국전쟁 이후 한국의 상황이 그랬다.

한국전쟁으로 농지는 파괴되었다. 농지를 복구하고 농사를 지어야 할 노동력은 군대에 징집됐다. 대거 남쪽으로 피난 온 이북 주민까지 더해져서 먹어야 할 입은 늘어났다. 춘궁기에는 200만 명 이상이 굶주렸다. '기아 퇴치' 또는 '절량(재해나 흉작 등으로 양식이 떨어짐) 농가 근절'이라는 '국정 지표'가 쓰인 현수막이 관공서마다 걸려 있을 정도였다. 절대적인 식량 부족 상황이라 해도 모든 사람이 굶지는 않는다. 돈이 있는 이들은 어떻게든 먹을거리를 구한다. 그러니 식량 부족은 '없는 사람들'을 더욱 비참하게 한다. 그런 이들이 꿀꿀이죽을 먹었다.

돼지 먹일 꿀꿀이죽도 사람 먹을 것이 있어야 나오는 법인데, 사람 먹을 것이 부족한 상황에서 잔반이라고 나올 리 없다. 꿀꿀이죽은 남한에 주둔하고 있는 미군부대에서 나온 잔반과 음식물 쓰레기를 모아 끓인 탕이다. 미군을 그때는 유엔군이라 불러 '유엔탕'이라고도 불렀다. 조금이라도 양을 불리려고 미군이 씹다 뱉은 껌, 버린 지 오래되어 지독한 냄새가 나는 잔반까지 죄다 넣고 끓였기 때문에, 이걸 먹고 식중독에 걸리는 사람도 상당수 있었다. 말이 꿀꿀이죽이지, 돼지도 먹이지 못할 것이었다. 그러나 없는 사람들이 그런 잔반을 끌어모아 끓여 팔았고, 없는 사람들이 이것이나마 돈을 주고 사 먹는 상황이 이어졌다.

먹는 것이 죄일 수는 없다. 먹는 것이 죄라면 삶은 천벌이기 때문이다. 하지만 돼지 먹이로 사람이 연명을 한다면 식욕의 본능을 욕하기에 앞서 삶을 저주해야 옳단 말인가? "30원어치이면 여덟 식구가 아침을 먹고 점심을 굶을 수가 있어서……." 보채볼 맥조차 잃은 어린것을 등에 메고 '꿀꿀이죽'을 한 통 사서 든 중년 아주머니의 기가 막힌 변. 쌀 30원어치로 죽을 끓여 여덟 식구가

꿀꿀이죽을 사기 위해
장사진을 친 사람들.

풀칠하면 점심 때 식은땀이 쏟아진다고. 그래도 미군부대의 찌꺼기가 영양이 많다고 우겨대는 그녀는 인천시 용현제1동에 산다고 했다. 이 마을은 약 700가구의 극빈촌으로 이북 피난민이 많이 산다. 멀리 동두천서서 오는 '꿀꿀이죽'까지 합쳐 하루 평균 10~13드럼을 소비하지만 때로는 그것도 못 사서 굶어 늘어지는 경우가 있다는 하소연.

담배꽁초, 휴지(무엇에 썼는지도 모름) 등 별의별 물건이 마구 섞여 형언할 수 없는 고약한 냄새를 풍기는 이 반액체를 갈구해야만 하는 이 대열! 그들은 돼지의 피가 섞여서가 아니다. 우리의 핏줄이요 가난한 이웃일 따름이다. ……

— 경향신문(1964년 5월 20일)

그런 비참한 상황이 1960년대에도 계속되었다. 1961년, 당시 제일생명보험의 본사 근처 남대문시장 앞에도 꿀꿀이죽을 파는 노점이 줄지어 있었다. 보통 때라면 대기업 제일생명의 사장이었던 전중윤(당시 43세)이 꿀꿀이죽에 시선을 주는 일은 없었을 것이다. 하지만 그날따라 그의 눈에 어느 가게 한쪽에서 커다란 솥을 걸고 무언가를 끓여 대접에 담아 줄을 선 사람들에게 주고 있는 모습이 눈에 들어왔다. 그 줄은 100미터가량이나 되었고, 줄을 선 사람들 대부분은 허름한 차림을 하고 있었다. 한 그릇

에 5원씩 팔리고 있었는데, 당시 버스 요금이 8원이었으니 정체
는 몰라도 상당히 저렴한 식사임이 분명했다.

　호기심이 동한 그는 20분이나 줄을 서서 기다린 뒤 묘한 냄새
가 나는 그릇을 받아들었다. 한 숟가락 입에 넣어보니 무언가가
씹혔는데, 빼서 살펴보니 깨진 단추 조각이었다. 다시 한 번 휘저
어보니 담배꽁초가 나왔다. 전중윤은 바닥에 주저앉고 말았다.
보험 회사란 미래의 불행에 대비하기 위한 곳이다. 하지만 이런
걸 먹겠다고 국민들이 줄을 서는 현재 앞에서 미래가 무슨 의미
가 있겠는가 하는 근본적인 회의가 들지 않을 수 없었다.

　전중윤은 보험 업계 시찰과 경영 연수를 위해 일본을 방문했
을 때 먹었던 인스턴트 라면을 떠올렸다. 당시 일본의 경제 부흥
은 놀라웠지만, 식량을 자급하게 되었다는 사실에 더 놀라지 않
을 수 없었다. 공식 행사 외에도 길거리에서 무언가 배울 게 없
을까 싶었던 전중윤은 1958년 일본에서 처음 등장한 뒤 막 유
행하기 시작했던 인스턴트 라면에 관심을 가지고 몇 개를 사서
먹어보았다. 뜨거운 물만 부으면 되는 라면은 너무나 간편하고
맛도 생각보다 훌륭했다. 라면 봉지를 뜯어 자세히 살펴보았다.
면에 배인 양념에 단백질과 조미료가 들어갔다는 것 외에는 알
길이 없었지만, 면은 밀가루로 만들었고 기름에 튀겼다는 사실
만은 분명했다.

미국이 한국에 원조했던 밀가루 포대.
(부평역사박물관 소장)

'꿀꿀이죽 사건'을 겪고 난 전중윤은 그때 먹었던 라면에 해답이 있을 거라 생각하고 인스턴트 라면 개발에 삶을 바치기로 했다. 한국인과 일본인은 식성이 비슷하기에, 기술을 들여와 라면을 대량으로 보급한다면 적어도 꿀꿀이죽을 먹는 신세만큼은 벗어날 수 있을 것이라는 확신이 들었다. 더구나 밀가루만큼은 미국의 원조로 꽤 풍부하니 재료는 쉽게 마련할 수 있다는 자신감도 있었다.

대한민국 최초의 라면이 나오다

전중윤은 그 길로 제일생명 사장 자리를 내던지고 1961년 8월 24일, 식용유를 만드는 민성산업주식회사를 인수하여, 이름을 삼양제유주식회사로 바꾸었다. 라면을 만들겠다면서 식용유 공장을 인수한 까닭은 인스턴트 라면의 핵심이 면을 튀기는 데 있기 때문이었다. 면을 튀기면 빠른 시간에 면 속의 수분이 증발해 면을 오래 보존할 수 있으며 소비자가 라면을 먹을 때에도 면발에 생긴 미세한 구멍 사이로 뜨거운 물이 들어가 빠르게 면이 익었다. 그러니 밀가루 수급만큼이나 중요한 것이 기름의 확보였던 것이다.

두 달 후인 10월 20일에는 회사 이름을 삼양공업주식회사로 바꾸었고, 1965년에는 삼양식품공업으로 또다시 바꾼다. 원래 식용유가 아니라 라면을 생산하는 것이 목표였으니 '제유'에서 '식품'으로 이름을 바꾼 것은 당연한 결정이라 할 수 있다. 그런데 식품 회사 이름에 왜 '공업'이라는 단어를 넣었을까? 지금 식품 회사를 차리는 사람 중에는 회사 이름에 '공업'을 넣을 이는 아무도 없을 것이다. 그러나 당시에는 공업이라는 단어가 국민들에게 '첨단 산업'이라는 인상을 주었다.

일단 회사를 세운 후, 전중윤은 수입상을 통해 일본의 여러 라면을 입수해 나름의 연구를 시작했다. 그사이 일본에서는 스프가 별첨된 라면이 개발되었다는 사실도 알게 되었다. 아무리 한국인과 일본인의 입맛이 비슷하다지만 라면의 양과 면발의 굵기 등을 한국인의 선호에 맞게 조정할 필요가 있었다. 그에 맞춰 라면 생산 공정을 자체 개발하기로 결정했지만, 제면기와 면 튀김기, 스프 제작 등 주요 공정에 필요한 기계를 자체 제작할 능력은 없었다.

1963년 1월 20일, 전중윤은 일본으로 건너갔다. 라면 생산에 필요한 노하우와 기계를 전수해줄 파트너를 구하기 위해서였다. 여러 라면 회사를 찾아가 교섭을 해보았지만 반응은 냉담했다. 그러다 운 좋게도 우에다라는 제면기 제조업자를 통해 스프 별첨 라면을 개발한 묘조식품 사장 오쿠이 기요스미를 만날 수 있었다. 전중윤은 한국의 식량 상황을 이야기하며 도움을 요청했다. "다행히 오쿠이는 선량한 인물이었고, 한국전쟁으로 일본이 부흥했다는 것에 대해 부채의식을 가지고 있던데다 기질적으로 세 살 위의 전중윤과 잘 맞았다."[*]

오쿠이 기요스미는 전중윤에게 2개의 생산 라인을 갖추는 데 필요한 기계를 2만 7,000달러[**]라는 싼 가격에 넘겨주기로 했다. 게다가 기술료와 로열티를 무료로 하고 기술자를 파견해 기술 지원까지 해주겠다는 파격적인 조건을 제시했다. 전중윤은 이를 받아들였고, 계약 전 2주 동안 사이타마에 있는 묘조식품 공장에서 연수를 하면서 모든 것을 배우려 노력했다. 그중에서도 가장 관심을 기울인 것은 철저한 품질 관리 노하우였다.

얼마 후 우에다 제면기와 튀김기 등 라면 생산 라인을 구성할 기계를 실은 배가 부산에 도착했다.

[*] 《삼양식품 30년사》, 삼양식품그룹, 1991.
[**] 당시 원화가치로 3,000만 원, 현재 가치로 따진다면 2억 5,600만 원에 상당한다 (1963년 환율로 1달러는 130원으로, 현재 1달러가 약 1,100원인데 비하면 8.5배가량 높은 가치이다).

한국을 방문한 묘조식품의 오쿠이 기요스미(왼쪽)에게
삼양식품 서울 공장을 안내하는 전중윤(오른쪽), 1960년대.

안 팔리는 라면과 새로운 홍보 전략

1963년 9월 15일, 한국 최초의 인스턴트 라면인 '삼양라면'이
세상에 나왔다. 1958년 일본에서 라면이 개발되어 나온 지 5년
만이고, 스프 별첨 라면이 등장한 지는 1년 만에 일어난 일이
었다.

삼양라면의 가격은 10원이었다. 라면 개발의 결정적 계기가
된 꿀꿀이죽 가격의 딱 2배였다. 당시 담배 한 갑이 25원, 김치
찌개 백반이 30원, 커피 한 잔이 30~35원, 짜장면이 40원 정도
였으니, 상당히 저렴한 가격이었다. 1958년 최초의 인스턴트 라
면인 일본 치킨라면의 가격이 35엔이었는데 당시 일본에서 커피
와 우동 가격이 60엔 정도였던 것과 비교해도 한국이 확실히 더
저렴하게 가격을 책정한 셈이었다. 더구나 당시 일본 라면의 평
균 중량이 85그램이었는데 삼양라면의 중량은 100그램이었다는
점을 감안하면 더욱 그러했다.

전중윤은 "면발이 노랗고 꼬실꼬실하며 기름에 튀겨 고소한
향과 맛을 가진"* 라면을 시장에 출시하면 틀림없이 날개 돋친
듯이 팔릴 것이라고 확신했다. 꿀꿀이죽에 비할 수 없이 위생적

---

* 《삼양식품 30년사》, 삼양식품그룹, 1991.

이고 맛있는 음식인데다 가격까지 싸게 매겼기 때문이다. 그러나 라면은 기대만큼 팔리지 않았다.

거기에는 몇 가지 이유가 있었다. 우선, 지금은 라면을 라면답게 해주는 특징인 꼬불꼬불한 면이 한국인에게는 낯설었다. 라면이 이런 모양인 데는 이유가 있다. 우선 포장지의 한정된 공간에 큰 부피의 면을 담을 수 있고, 기름에 튀길 때도 보다 많은 양을 한꺼번에 튀길 수 있다. 또한 유통 과정에서의 파손도 크게 줄일 수 있다. 소면처럼 곧은 면은 충격에 쉽게 부서지기 때문이다. 라면 특유의 노란빛 또한 면을 튀김으로써 생긴 것이었다. 라면이라는 이름 또한 문제였는데, 대부분의 사람들에게 '라'는 비단[羅]을, '면'은 무명실[綿]을 연상시켰다. 라면이라는 이름을 들었을 때 음식보다는 섬유를 떠올리게 되는 것이다. 그러나 무엇보다 큰 이유는 한국인에게 주식은 쌀밥이었다는 사실이었다. 라면이 무엇인지도 모르는데, 그것으로 한 끼 식사를 제대로 해결할 수 있다는 생각을 하기는 어려웠다.

삼양식품은 신문에 라면은 '즉석 국수'라며 "우리의 식생활은 해결됐다"라는 카피로 광고를 냈다. 라면을 처음 접하는 소비자에게 '빨리 먹을 수 있는 국수'라고 그 성격을 소개하고, '식생활 해결'이라는 홍보 문구로 대용식으로서의 가치를 드러낸 광고였다. 신문 광고 외에도, 전단지를 뿌리고 애드벌룬을 띄우는 등

적극적인 판촉 활동을 전개했음에도 출시 첫해에는 월 10만 개 판매, 매출액으로 보면 100만 원(출고가 기준으로 하면 더욱 낮아진다)에 머무르며 기대에 미치지 못했다.* 당시 삼양식품의 직원은 50명 정도였는데, 생산 원가를 제하고 나면 직원들 월급도 제대로 지급하기 어려운 매출이었다.

라면을 알리기 위해 여러 방법을 동원했지만 별다른 효과를 거두지 못하자, 전중윤은 거리로 나가 판촉 활동을 벌이기로 한다. 당시로서는 낯설던 '무료 시식'을 실시한 것이다. 모든 직원이 공원과 역 앞, 시장, 공사판, 극장 앞에 나가 솥을 걸고 라면을 끓여 무료로 나눠주었다.** 무엇보다 라면을 끓일 때 나는 냄새가 후각을 자극했고, 사람들은 그 냄새에 이끌려 순식간에 몰려들었다. 이 무료 시식 행사는 대단한 효과를 거두게 된다. 라면이 어떤 음식인지 몰랐던 사람들에게 그 매력을 확실히 보여주었기 때문이다.

---

* 《삼양식품 30년사》, 삼양식품그룹, 1991.
** 일본에서 최초로 출시된 닛신식품의 치킨라면은 면에 양념이 되어 있어 면에 끓는 물을 부은 후 익기를 기다려 먹는 것이었는데, 삼양라면 또한 팔팔 끓는 물에 라면을 익히는 것이 아니라 면에 스프를 얹고 끓인 물을 부어 3~4분 동안 기다려 익기를 기다려 먹는 것이었다. 하나 차이가 있다면, 삼양라면은 끓는 물에 면과 스프를 넣고 1~2분 끓이면 더 맛이 좋다고 안내했다는 것인데, 위 무료 시식 행사에서는 라면을 '끓인' 것으로 보인다.

한국 최초의 인스턴트 라면인
삼양라면의 포장지와 신문 광고.

1963년 12월에는 20만 개 수준이던 라면 판매가 1964년 5월에는 73만 개, 1965년 7월에는 100만 개를 돌파하는 등 '육탄판촉'은 서서히 효과를 거두었다. 마침내 1965년에는 연간 매출액 2억 3,917만 원, 순이익 1,539만 원을 기록하게 된다.*

라면, 국민 식품이 되다

이렇게 승승장구하던 라면에 날개를 달아주는 정부의 조치까지 시행되었다. 1966년, 정부는 만성적인 식량 부족을 해결하고 모자라는 쌀 소비를 줄이기 위해 혼분식 장려 운동을 강력하게 밀어붙였다. 그해 전국 음식점에 대해 밥에 보리를 25퍼센트 이상 혼합하여 판매하도록 한 것인데, 경찰과 보건소 직원으로 단속반을 꾸려 대대적인 단속을 할 정도로 강력한 조치였다. 1967년 들어서는 식당에서 국을 내는 경우 면을 25퍼센트 이상 섞어 내도록 했는데, 지금도 설렁탕에 소면을 조금 말아내는 것에 그 흔적이 남아 있다.

1967년 3월 23일, 육군장교부인회 회원들이 대통령 부인이 기

* 《삼양식품 30년사》, 삼양식품그룹, 1991.

증한 라면을 직접 끓여서 여행 사병들에게 무료 급식을 하는 모습이 언론을 탔다. 이후 라면 판매는 더욱 탄력을 받아 날개 단 듯 팔려나갔다. 혼‘분’식 장려의 총아로 라면이 선택된 것이다. 이를 계기로 라면 판매는 더욱 탄력을 받았다. 1966년 11월에는 월간 판매량이 239만 개였는데, 1967년 7월에는 500만 개를 돌파했다.* 이런 폭발적인 소비 증가에 삼양식품은 라면 제조 기계를 두 대 더 도입했지만 주문을 감당할 수 없었다.

1968년에 큰 흉작이 들어 한국의 식량 사정은 한층 악화되었고, 이듬해부터 정부는 혼분식 장려 정책을 더욱 강화했다. 매주 수요일과 토요일을 ‘무미일無米日’로 지정한 것이다. 말 그대로 쌀을 먹지 않는 날인데, 오전 11시부터 오후 5시까지는 음식점에서 쌀로 만든 음식을 판매하지 못하도록 금지한 것이었다. 역시 이때에도 경찰과 보건소 직원 등으로 단속반을 꾸려 음식점을 돌며 단속했다. 가정에서도 쌀밥이 아닌 잡곡밥이나 분식을 먹도록 장려했다. 그 일환으로 학교에서는 점심시간마다 담임교사가 도시락 검사를 실시해 흰 쌀밥만으로 도시락을 싸 온 학생들을 야단치곤 했다.

정부의 분식 장려 정책에는 영양학도 동원됐다. 쌀밥만 먹으

---

* 《삼양식품 30년사》, 삼양식품그룹, 1991.

1960년대 라면 제조 공정. 납형 단계다.

면 건강에 해롭다면서 쌀보다 밀가루 음식을 먹도록 유도한 것이다. 그로 인해 가정에서도 값싼 밀가루로 칼국수나 수제비를 많이 해 먹었지만, 반죽을 하는 수고도, 육수를 내는 시간도 필요 없는 라면에 비교할 바가 아니었다.

1967년에는 결과적으로 라면 소비를 촉진하게 만드는 또 다른 정책이 나왔다. 정부가 석유풍로, 흔히 곤로こんろ라는 일본어로 불렀던 조리용 화로의 사용을 적극 권장하기 시작한 것이다. 마침 같은 해에 호남정유가 미국의 에너지 기업인 칼텍스와 합작해 여수에 최신식 공장을 세워 질 좋은 등유를 대량으로 공급할 수 있게 되었다. 도시를 중심으로 연탄을 떼는 주택이 보급되면서 연탄 수급이 어려워지자, 정부는 유류와 가스로 연료를 전환하는 노력을 했다. 커다란 아궁이 대신 화구가 작은 풍로를 사용하게 되자 냄비 크기도 작아졌다. 양은냄비는 저렴하고 가벼워, 주부들이 놋그릇을 내다팔아 양은그릇을 사들일 정도로 인기를 끌었다. 새로운 화력과 양은냄비는 라면 끓이는 데에도 안성맞춤이었다. 아울러 도시화와 산업화로 인해 간편한 식사를 찾는 사회적 분위기도 라면 소비를 급증시켜, 1968년 1월에는 1,200만 개가 판매되기에 이르렀다.*

* 《삼양식품 30년사》, 삼양식품그룹, 1991.

1967년, 한 신문에 당시 국립공업연구소장 이범순 박사의 칼럼이 실렸다. 딸의 결혼식에 온 하객들에게 국수를 대접하는 대신 삼양라면을 답례품으로 선물했다는 내용이었다.* 이 시기의 라면은 연말연시 선물로 주고받거나 군 장병 위문용 선물로 많이 활용되었다.

서민 음식으로 확고한 위치를 차지한 라면은 표를 얻으려는 정치인들에게도 여러모로 매력적인 '아이템'이었다. 1990년대 초반까지만 해도 각종 선거의 후보자들은 표를 얻기 위해 공공연하게 유권자들에게 선물을 제공했다. 1950~60년대에는 고무신과 막걸리가 '매표용 선물'로 주로 사용되었다면, 1970~80년대에는 수건과 비누 그리고 라면과 설탕이 '주 품목'이 되었다. 정도의 차이는 있겠지만, 누구에게나 필요한 물건인데다 장기간 보관이 가능한 물품이기 때문이었다. 물론 이제는 선물을 금지하는 공직선거법이 발효됐을뿐더러 1990년대 중반 이후 라면이 가진 서민 상징성도 많이 옅어졌다. 그러나 후보들이 '서민성'을 강조할 때 라면은 여전히 심심치 않게 소환된다.

이렇게, 라면은 그저 굶주림을 면하려고 먹는 음식이 아니라 생필품, 나아가 새로운 생활문화의 상징으로 떠올랐다.

* 《매일경제》, 1967년 6월 3일.

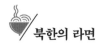

북한의 라면

북한에 라면이 등장한 시기는 1970년대 중반이다. 일본 조총련계 사업가와의 합작으로 라면 공장을 지었는데, 공장 이름은 '애국 국수 공장'이었고 여기에서 만들어진 제품의 정식 명칭은 '꼬부랑 국수' 또는 '즉석 국수'였다. 처음 등장했을 때에는 별도의 양념 스프를 첨부하지 않았다고 한다. 1977년에 김일성의 65세 생일 선물로 라면 제조 기계를 보내라고 조총련 단체에 요구한 적이 있을 정도로 수요는 제법 있었지만, 1990년대까지는 생산량이 그다지 많지 않아서 평양에서만 맛볼 수 있는 희귀한 음식이었다.

2000년대 이후로는 중국과 개성공단을 통해 외국의 라면이 북한으로 흘러 들어가면서 상설시장의 유통망을 타고 웬만한 지방에서도 라면을 쉽게 접할 수 있게 되었다. 그렇지만 교통이 불편해 운송비와 인건비가 라면 값에 추가되었기 때문에 라면이 비싼 음식이라는 인식은 여전하다고 한다. 중국 라면은 북한 사람들 입맛에 잘 안 맞아 고급이라는 인식이 없는데 반해 한국 라면은 비싸며 고급 음식이라는 인식이 있어 뇌물로 사용될 정도라고.

2000년 10월부터 평양에 있는 '대동강 즉석 국수 공장'에서 스프가 들어간 인스턴트 라면을 생산하고 있는데, 북한 주민들은 그다지 좋아하지 않는다고 한다. 이는 '노동자 라면'으로 불리면서, "평양 라면은 한국산과 중국산에 비해 면발이 쫄깃하지 않고 맛도 형편없다"라는 평가를 받고 있기 때문이다. 평양 라면은 북한 화폐로 800원 정도, 중국 라면은 1,500원 정도, 한국 라면은 3,000원 정도에 판매되고 있는데, 가난한 서민들은 평양 라면을 사서 두부를 넣고 끓여 특식으로 먹는다고 한다.

4장

라면은 어떻게
한국인의 소울푸드가
되었나

2019년 기준 한국의 1인당 라면 소비량은 75.1개로, 전 세계에서 가장 많다. 57.6개로 2위를 차지한 네팔이나 3위를 차지한 베트남의 56.9개보다 18개나 더 많이 먹는 것이다(세계라면협회WINA). 이쯤 되면 한국인의 소울푸드는 그 무엇도 아닌 라면이라 할 수 있다. 일본에서 발명된 이 낯선 음식이 어떻게 한국인의 입맛을 이렇게 오랫동안 사로잡을 수 있었을까?

그저 간편하게 먹을 수 있는 음식이라는 특징만으로는 한국인의 식생활에서 이 정도의 비중을 차지할 수는 없었을 것이다. 한국인의 입맛에 잘 맞는 면발과 국물, 무엇보다 한국인의 식생활에 꼭 맞아떨어지는 소비 방식이 있었기 때문에 가능한 일이었다.

어디에도 없는, 한국 라면만의 맛

1988년 서울 올림픽. 당시 나는 서울의 일본어 학원에서 강사로 일하고 있었다. 하루는 수업이 끝나고 허기를 달래기 위해 도심 빌딩 숲에서 식당을 찾아 헤맸다. 그때 문득 눈에 띈 간판이 바로 '라면 전문점'이었다. 한국에서도 라면을 먹을 수 있구나! 나는 기대에 부풀어 식당 문을 열었다. 몇 안 되는 메뉴 중에서 하나를 골라 시킨 라면을 본 순간, 내 눈을 의심하지 않을 수가 없었다.

새빨간 국물에 가라앉은 굵은 면발이 나를 압도했다. 모락모락 올라오는 뜨거운 김이 눈에 스몄다. 국물은 눈이 따가울 정도로 매워 보였다. 한 입 먹어보니 혀가 저리고 목구멍을 지나간 국물이 목을 찌르듯 매워서 그만 콜록거렸다. 숨이 막힐 것 같았다. 한국 라면과의 이런 예기치 못한 만남은 나에게 큰 충격이었다. 알고 보니 그것이 인스턴트 라면이었다는 사실에 다시 한 번 놀랐다. 일본에서는 인스턴트 라면을 식당에서 먹을 기회가 거의 없었기 때문이었다.

— 무라야마 도시오,《라면이 바다를 건넌 날》

《라면이 바다를 건넌 날》(21세기북스, 2015)의 저자 무라야마 도시오는 한국 라면과의 만남을 위와 같이 강렬하게 기억했다. 여전히 한국 라면의 특징인 비교적 굵은 면발과 매운맛을 내는 빨간 국물이 일본인인 무라야마에게는 낯설었을 것이다. 일본인에게는 인스턴트 라면과 라면(라멘)의 구분이 뚜렷하기 때문에 '라면 전문점'에서 그가 먹을 것이라 기대했던 음식은 우리가 지금 '일본식 라멘'이라 부르는 면 요리였을 것이다. 그러나 한국인이 '라면'이라 부르는 음식은 인스턴트 라면뿐이다. 그런데 한국의 라면이 처음부터 이랬던 것은 아니다.

일본의 라면이 중국식 면 요리인 주카소바를 바탕으로 한 것처럼, 한국의 라면도 처음에는 기술 제휴를 맺은 일본 묘조식품 라면의 모조품이었다. 비록 최초의 라면인 삼양라면이 대박을 터뜨리긴 했지만, 한국인의 입맛과는 다소 거리가 있었다. 묘조라면처럼, 삼양라면 또한 닭 육수를 베이스로 국물 맛을 냈다. 그러나 이 허연 국물이 한국인에게는 닝닝하게 느껴졌다. 한국인은 설렁탕, 곰탕 같은 진한 쇠고깃국에도 깍두기 국물을 타서 먹는 이들이 아닌가. 전종윤의 회고에 의하면, 1966년 삼양라면을 맛본 당시 대통령 박정희가 한국인들은 얼큰한 음식을 좋아하니 스프에 고춧가루를 넣어보라는 제안을 할 정도였다.

삼양식품은 한국인의 입맛에 어떤 맛의 라면이 적합할지 조사했다. 같은 매운맛이라 해도, 일본인들은 후추와 산초의 톡 쏘는 매운맛을 좋아하는 반면, 한국인은 김치를 통해 익숙한 고추와 마늘의 단맛과 아린 맛이 함께 있는 매운맛을 좋아한다. 면의 경우에도, 한국인들은 굵고 쫄깃해 '씹는 맛'이 있는 면을 선호한다*는 것이 당시 제품 개발을 위한 조사 결과였다.

점차 한국의 라면에는 마늘, 생강, 양파 등 매운맛을 내는 양념이 들어가게 되었는데, 그 핵심은 뭐니 뭐니 해도 고춧가루였다. 급기야 삼양식품은 1990년 1월에는 하루 3,000킬로그램의 고춧가루를 만들어낼 수 있는 고추 분쇄 자동화 라인을 갖추기도 했다. '매운' 라면에 대한 한국인의 선호는 지금까지도 이어져, 辛라면, 열라면, 불닭볶음면 등 매운맛을 내세운 수많은 라면이 여전히 판매 순위 윗줄을 차지하고 있다.

라면의 맛 자체를 한국화하기도 했지만, 한국인이 좋아하는

* 《삼양식품 30년사》, 삼양식품그룹, 1991.

거의 모든 면이 인스턴트 제품화할 만큼 다양한 라면이 출시되기도 했다. 첫 인스턴트 건면인 '칼국수'는 삼양식품에서 1969년 7월 24일에 처음 출시했는데, 반년 만에 450만 개가 팔려나갈 정도로 소비자들의 반응도 좋았다.[*] 이 면은 계속 리뉴얼되어 '손칼국수'라는 이름으로 현재까지도 판매되고 있다. 한국인의 외식 1순위도 일찌감치 라면으로 나왔다. 1970년에는 롯데가 '롯데 짜장면'을, 삼양식품은 '삼양 짜장면'을 출시했다.

재밌는 사실은 이 인스턴트 칼국수와 짜장면이 '라면'에 속하지 않았다는 것이다. 1969년 10월 29일, 정부는 보건사회령 제336호로 '식품의 규격 및 기준'을 개정 공포했다. 그 내용은 이러했다. "라면이라 함은 밀가루를 주원료로 하여 이에 각종 첨가물을 혼합하고 성형한 후 유탕에 침지처리, 건조한 것 또는 위의 성형한 것을 익힌 후 고온의 식용유를 분무하여 건조한 것 또는 이와 유사한 것으로 각각 수우프를 첨가한 것을 말한다." 즉 기름에 튀기거나 기름을 바른 면만 라면으로 인정한 것이니, 이후 인스턴트 라면의 법적 이름은 유탕면이 되었다. 지금은 생면, 숙면, 건면, 유탕면이 모두 '면류'로 분류된다.

칼국수는 한국인이 가정에서 가장 쉽게 접하는 분식이고,

---

[*] 《삼양식품 30년사》, 삼양식품그룹, 1991.

짜장면은 한국인이 외식으로서 가장 선호했던 분식이다. 인스턴트 라면이 성공을 거둠으로써 라면 업체들은 사람들에게 인기를 끌었던 거의 모든 국수를 인스턴트화하는 데 매진했다. 1971년에는 '궁중라면'과 '계란국수'가, 1972년에는 '매운탕면'이, 1973년에는 '삼선짜장면'이, 1974년에는 '중화울면'이 등장했다. 1975년에는 '강서냉면', '평양냉면', '함흥냉면' 등이 출시됨으로써 밀가루 면이 아닌 국수의 인스턴트화에도 성공한다.* 삼양식품이 라면 제품의 다양화로 승부를 걸 때, 농심은 1970년 '짜장면' 출시를 제외하면 정통 라면의 범주 안에서의 변주로 대응했다. 1972년에는 야자유(팜유)로 면을 튀겼음을 강조한 '야자라면'을, 1979년에는 구수한 국물 맛을 강조한 '된장라면'을 출시한 것이다.**

이처럼 다양한 제품이 개발된 것은 라면 회사들 간의 치열해진 경쟁의 결과이기도 했다.

* 《삼양식품 30년사》, 삼양식품그룹, 1991.
** 농심 홈페이지(http://www.nongshim.com/introduce/history).

라면 회사 흥망성쇠

삼양라면이 각광을 받자, 라면 생산에 뛰어드는 기업이 우후죽순 생겼다. 1964년 삼양라면의 포장지 인쇄를 하던 업체가 동명식품을 설립하고 일본 닛신식품과 제휴하여 '풍년라면'을 내놓는 것을 시작으로, 한동안 제분업으로 시장을 주름 잡았던 신한제분이 '닭표라면'을, 식용유를 생산하던 동방유량이 '해표라면'을, 풍국제면이 '아리랑라면'을 잇따라 출시했다. 1965년에는 롯데공업이 라면 산업에 진출하며 '롯데라면'을 내놓았다.

그러나 신생업체들의 출현은 더 이상 지속되지 않았다. 준비 없이 라면 생산에 뛰어든 신생업체들은 품질 관리에 실패했고, 대부분 6개월 안에 문을 닫고 만 것이다. 도산한 업체들의 기계를 인수하며 몸집을 불린 삼양식품과 1978년에 (주)농심으로 회사 이름을 바꾸게 되는 롯데공업만이 살아남았다. 삼양과 농심두 업체의 양강 구도는 1983년까지 계속되었다.

두 라면 라이벌은 '쇠고기 맛' 라면을 계기로 격돌했다. 1970년 10월 삼양식품은 쇠고기면을, 롯데는 소고기라면을 출시했다. '흰 쌀밥에 고깃국'을 먹는 게 소원이었던 우리 국민에게 쇠고기 육수는 꿈에 그리는 국물 맛이었다. 그러나 연간 육류 소비량이

당대 유명 코미디언이 출연한
농심라면 광고.

1인당 5~6킬로그램에 불과했던 시대, 고기구이는커녕 쇠고깃국도 마음껏 먹을 수는 없었다. 두 회사의 쇠고기 맛 라면은 저렴한 가격으로 기름진 육수 맛을 즐기게 해주었다. 점차 일본 라면의 영향에서 벗어나고 있던 한국 라면이 쇠고기 맛 라면의 개발을 계기로 자신만의 길을 가기 시작한 것이다.

롯데가 소고기라면을 내놓기 전까지 삼양식품의 라면 시장 점유율은 90퍼센트 이상이었다. 소고기라면의 히트로 시장 점유율을 점차 넓혀가던 롯데가 대약진의 기회를 잡는 시기는 1975년. 회사 이름까지 바꾸게 한 '농심라면'이 출시되었다. 코미디언인 구봉서와 곽규석이 등장해서 "형님 먼저 드시오, 농심라면", "아우 먼저 들게나, 농심라면"이라는 대사를 주고받았던 텔레비전 광고가 크게 히트하면서 라면 판매도 대박을 터뜨려 시장 점유율을 30퍼센트대까지 끌어올린 것이다. 이 라면의 성공으로, 1978년 롯데공업은 (주)농심으로 사명을 변경하고 롯데그룹에서 완전히 독립했다.

1980년대는 단군 이래 최대의 호황이라는 '3저 호황'(저유가, 저금리, 저달러)을 바탕으로 한국 경제가 급성장하던 시기다. 라면 업계의 판도 또한 이때 들어 크게 흔들렸다. 삼양식품과 농심 두 회사가 지배하던 업계에 한국야쿠르트가 1983년 팔도라면이라는 브랜드를 앞세우며 뛰어들었고, 바로 뒤따라서 청보와 빙그레가 라면 사업에 진출했다.

청보식품은 풍한방직의 계열사였는데, 1984년에 라면 시장에 뛰어들었다. 청보는 그다음 해인 1985년에는 삼미 슈퍼스타스 프로야구팀을 인수하여 청보 핀토스로 팀명을 변경한 다음 프로야구 리그에 참가하기까지 했다. 이주일 등 톱스타를 내세운 광고는 호평을 받았고 가격도 싼 편이었지만, 기술력의 부족으로 맛을 내는 데에서는 실패했다. 결국 청보식품은 3년 만에 도산하고 말았으며, 생산 시설은 전통 있는 식품 회사인 오뚜기가 인수했다.

1986년에는 식품 업계의 강자 빙그레가 닛신식품과 기술 제휴를 하고 라면 시장에 진출했다. '우리집라면'이 제법 인기를 끌면서, 1989년에는 시장 점유율이 12퍼센트까지 확대되기도 했다. 이라면, 맛보면 등 독특한 이름의 라면을 출시해 화제가 되기도 했다. 빙그레는 라면 사업 진출과 함께 일곱 번째 프로야구단을 창단해, 잠시나마 청보 핀토스와 '라면 더비'를 펼치기도 했다. 그러나 청보의 도산과 빙그레의 라면 시장 철수로 인해, 라면 5강 시대는 오래가지 못하고 막을 내렸다.

1987년 말 청보의 시설을 인수한 오뚜기는 1988년부터 진라면, 참라면, 라면박사를 내놓으며 라면 시장에 데뷔했다. 처음에는 선발주자들을 따라잡을 만한 저력을 보여주지 못했다. 그러나 저렴한 가격과 순한 맛을 내세운 진라면을 히트시킴으로써 새로운 소비자층을 끌어들이게 되었다.

1960년대에 등장한 삼양과 농심, 1980년대에 뛰어든 팔도와 오뚜기는 지금까지 건재하며 라면 업계 빅4를 형성하고 있다.

잘나가는 라면 업계의 명과 암

유통은 생산자에서 도매, 소매를 거쳐 소비자의 손에 상품이 들어가는 과정이다. 그러나 유통의 단계와 방식은 상품의 특성에 따라, 시장을 주도하는 업계가 어디냐에 따라 바뀌게 마련이다.

현재는 (다른 많은 상품과 마찬가지로) 공장에서 생산된 라면이 곧바로 대형 마트에 공급되고, 소비자는 동네 소매점보다는 마트에서 라면을 주로 구입한다. 그러나 당시의 유통 과정은 조금 달랐다. 1960년대 한국 식품 유통시장은 남대문시장, 동대문시장, 청량리시장, 영등포시장 등에 자리 잡은 대형 도매점이 장악하고 있었다. 주로 '○○상회'라는 이름을 단 이들은 서울은 물론 전국 각지의 중도매상, 소도매상, 소매상 네트워크를 거쳐 소비자들에게 상품을 공급했다.

1960년대부터 본격적인 대량 생산 체제에 들어간 식품 제조 업체들도 초기에는 이들에게 유통을 의존했다. 하지만 여러 제 조업체와 동시에 거래하는 이들 대형 도매점을 통해서는 대량 생산에 걸맞은 판매를 기대할 수 없었다. 대형 도매상들은 회전 율보다는 마진율을 중시했다. 품질이 떨어지더라도 마진율이 높은 덤핑 상품이 진열되고, 품질이 우수하지만 제조원가가 높아 마진이 떨어지는 상품은 외면당했다. 이들을 통해 상품에 대한 소비자들의 반응 등을 파악하는 것은 기대조차 할 수 없었다. 심지어 제조업체들 간 경쟁을 이용해 리베이트를 요구하거나 대 금을 제때 지불하지 않고 외상 대출을 요구하는 등 갑의 횡포를 일삼는 경우도 있었다.

그러한 상황에서, 삼양식품은 도매상 중 일부를 자사 제품 만 판매하는 특약점으로 바꾸는 새로운 유통을 시작했다. 삼양 라면이 워낙 인기를 끌었기 때문에 가능한 일이었다. 다른 식품 제조업체들도 자신들에게 유리한 유통 구조를 만들어내기 위 한 방안을 강구했다. 직접 시장을 공략하기로 한 것이다. 기존 도매상을 거치지 않고 지역을 분할해 판매차량으로 전국을 돌 며 직접 거래선을 방문하는 '루트세일route sale 방식'을 채택했다. 1969년 미풍판매(주)라는 판매 전문 회사를 설립한 제일제당이 대표적이다. 제일제당은 판매사원 160명을 채용하여, 이들로 하여금 차량에 조미료, 설탕, 밀가루 제품을 싣고 전국의 소매점을 누비게 했다. 롯데제과도 1972년 120명의 영업사원을 모집해 루트세일에 나섰다. 이어서 제조업체들은 지금과 같은 형태의 대리점 또는 특약점을 구축하기 시작했다.

이를 통해 제조업체가 유통 면에서 우위를 차지할 수 있었는데, 이런 현상은 1990년대까지 이어졌다. 이는 경제 성장과 산업화 및 넘쳐나는 수요가 뒷받침되었기에 가능했다.

이와 같이 시장 지배력을 넓히는 한편에는 '정부의 간섭'에서 자유롭지 못하다는 그림자도 자리 잡고 있었다.

1970년 삼양식품은 '라면은 제2의 쌀입니다'라는 광고를 했는데, 이 문구는 허언이 아니었다. 삼양식품은 라면으로 인한 쌀 절약을 인정받아 이미 1967년 3월 보건사회부가 주관한 제1회 식품전시회에서 대통령상을 수상했던 것이다. 연간 라면 700만 개를 생산해 쌀 30만 석을 절약했으며 '국민 체위 향상', 즉 국민의 체격을 키우는 데 공헌했다는 이유였다. 라면의 쌀 대체 효과는 꾸준하게 나타났다. 어느 정도였는가 하면, 1967년 삼양라면 1년 생산량이 충청북도 한 해 쌀 생산량과 맞먹었을 정도다. 1963년부터 1980년까지 환산하면 라면의 미곡 대체량은 1,700만 석, 금액으로 환산하면 16억 달러에 달한다.

문제는, '제2의 쌀'이었기 때문에 쌀과 마찬가지로 가격 통제

를 받았다는 점이다. 1973년, 삼양라면과 롯데공업 등 라면 업계
는 국제 우지 가격 인상을 이유로 라면 가격을 인상하려 했지만,
정부는 불허 방침을 내렸다. 이후 1975년에도 밀가루 값이 인상
되자 라면 업계는 라면 값의 12퍼센트 인상을 시도했으나, 정부
는 또다시 불허했다.

정부는 최근 국제 우지 가격 앙등을 이유로 롯데공업과 삼양라
면 등 라면 제조업자들이 요구한 라면 값 인상을 허용하지 않기
로 했다. 5일 물가 정책 당국자는 정부가 당초에 승인한 라면 가
격이 상당히 높게 책정된 것이기 때문에 우지 값이 조금 올라도
큰 지장은 없을 것이며, 또 라면은 소비 대상이 대부분 저소득층
이므로 인상을 허용할 수 없다고 밝혔다. 그런데 라면 업자들은
라면 제조원가 중 40퍼센트를 차지하는 우지의 수입가격이 연초
의 톤당 180달러에서 최근 들어 2.5배에 가까운 420달러 선으
로 올랐다는 이유로 라면 값을 최근 970원(50봉지들이 상자)에서
1,250원으로 28.8퍼센트 올려줄 것을 요구한 바 있다.

— 동아일보(1973년 6월 25일)

위 기사에 나온 것처럼, 이때까지 라면은 "저소득층", 특히 농
촌을 떠나 도시에 모여든 산업역군을 위한 식량이었다.

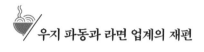

우지 파동과 라면 업계의 재편

1980년대 말, 식품 업계를 뒤흔드는 사건이 발생한다. 1989년 10월 어느 날, '공업용 우지로 라면을 튀긴다'라는 익명의 투서가 검찰에 전해진 것이다. 검찰은 11월 3일, 미국에서 우지(소의 지방)를 수입한 삼양식품, 오뚜기, 서울하인즈, 삼립유지, 부산유지 등 5개 기업의 대표 등 8명의 중역을 식품위생법 위반 혐의로 전격적으로 구속했다.

그해 11월 4일부터 18일까지 9개의 중앙 일간지는 무려 572건의 관련 기사를 게재했다. 14일에는 한국식품과학회가 우지를 사용한 라면이 무해하다는 발표를 하고, 16일에는 보건사회부 장관이 나서서 역시 무해성에 대해 발표했지만 논란은 쉽사리 사그라지지 않았다.

이 사건은 일차적으로 우리나라와 서구의 육식 문화 차이에 대한 무지에서 비롯되었다고 할 수 있다. 서구에서는 소량만 소비되기 때문에 1등급 우지만 사용하고 사골, 우족, 내장 등을 먹지 않아 폐기되는 것뿐이지 결코 공업용은 아닌 것이다. 실제로 1980년 이전에는 대표적 라면 소비국이자 종주국인 일본에서도 거의 대부분의 업체에서 100퍼센트 우지를 사용해 라면을 튀겼고, 오늘날에도 2~3등급 우지, 돈지, 팜유를 섞어서 사용한다.

　이후 이 사건은 사법적 판단 영역으로 넘어간다. 이후 7년 9개월에 걸친 법정 공방 끝에 대법원은 1997년 8월 26일에 무죄를 선고했다. 재판부는 무죄 선고의 이유로 "우지는 우리 사회의 식생활 관행과 사회 통념에 비추어 식용으로 인정된다. 우지의 신선도, 청결도, 보관 및 관리 상태, 우지 가공법 등이 식품공정상의 원료 구비 요건에 맞아 안전성이 입증된다"라고 판시했다.

당시 우지 파동에 휘말린 기업들은 극심한 매출 하락으로 인해 다수가 문을 닫았다. 직격탄을 맞은 삼양식품의 경우 1,000여 명에 이르는 직원들이 회사를 떠나게 되었다. 이 사건은 몇몇 식품 관련 사건 중에서 비전문가인 검찰의 수사와 언론의 무책임한 보도로 기업이 회복 불가능한 피해를 입은 대표적 사례로 역사에 남았다.

튀김용 기름은 그 뒤에도 몇 번 논란에 휩싸였다. 우지 파동으로 인해 '식물성 기름'으로 반사이익을 누린 팜유(기름야자 열매에서 짠 기름)는 2000년대 들어 트랜스지방과 발암 유발 논란의 한복판에 섰고, 건강한 기름으로 한때 각광받았던 올리브유 또한 이후 튀김용으로는 적합하지 않다는 비난에 직면하기도 했다.

너희는 라면에 계란 넣어 먹니?
우리는 라면에 소면 넣어 먹는다

1960년대 후반에 초등학교를 다닌 안도현 시인은 당시는 "요즘처럼 라면이 흔하지 않아 내 또래 아이들에게 라면은 이름만 들어도 군침이 도는 아주 특별한 음식이었다"(안도현, 〈라면/예찬〉, 《사람 사람》, 신원문화사, 2015)라고 회고했다. 비록 꿀꿀이죽 값의 2배에 불과(?)한 10원짜리 라면이었지만, 그나마 구경하기 힘든 이들이 많았던 것이다. 그러니 결혼식 답례품의 지위에까지 오른 게 아니겠는가.

한국 경제는 빠르게 성장했고, 라면 또한 빠르게 소비자의 밥상에 파고들었다. 한국적 라면 소비의 백미는 뭐니 뭐니 해도 국물에 밥을 말아 먹는 것이다. 원래 국에 밥을 말아 먹는 것은 한국적 패스트푸드의 출발이다. 라면 국물은 짭짤한 간에 감칠맛이 돌아 밥을 말아 먹기에 제격이었고, 면만으로 양이 차지 않는 사람들에게 최선의 선택이었다.

현재 50대 이상에게, 어린 시절 라면을 어떻게 먹었는가는 가정환경 조사서와 같다. 식구 수대로 라면을 끓여서 먹는 가정은 좀 사는 집, 여기에 달걀을 풀어 먹을 정도면 잘사는 집이었다. 그렇지 못한 집에서는 라면 한두 개에 소면이나 칼국수, 혹은 수

제비를 섞어 양을 불리고 김치를 넣거나 된장을 풀어 간을 맞춰 대여섯 식구가 먹었다.

라면의 포장 단위는 1인분이다. 밥을 여러 반찬과 함께 먹는 한국의 식문화는 균형 잡힌 영양 섭취를 가능하게 했지만, 식사 준비의 번거로움이 뒤따랐다. 산업화·도시화에 진입하며 바빠진 일상을 꾸리는 핵가족 주부에게 라면은 구원이나 다름없었다. 엄마와 눈만 마주치면 배가 고프다고 외치는 성장기 아이에게, 밤늦게 야간자습을 마치고 돌아온 수험생 자녀에게 차려줄 수 있는 가장 간편한 간식이자 야식이 라면이었다. 물론 변변한 부엌조차 없는 집에서 자취를 해야 했던 젊은이들에게 라면이 얼마나 귀한 음식이었는지는 두말할 필요도 없다.

중학교, 그리고 고등학교 시절에도 나는 라면하고 같이 살았다. 밥을 해 먹기 싫은 게으른 자취생에게 라면은 부식이 아니라 훌륭한 주식이었다. 쌀은 떨어져도 라면 박스만 비어 있지 않으면 걱정이 없었다. 연탄불이나 석유곤로에다 라면을 끓여본 사람은 안다. 연탄이나 석유의 매캐한 냄새와 뜨거운 열기 속에서 라면이 담긴 양은냄비를 어떻게 들어 올려야 하는지를. 양은냄비의 손잡이에 숟가락을 끼우고 냄비를 나르다가 그만 부엌 바닥에 폭삭 냄비를 엎어버렸을 때의 심정도 안다. 눈물 젖은 빵을 먹어보지 않은 자하고는 인생을 논하지 말라고 했던 사람이 누구인가. 나는 그것을 이렇게 패러디하고 싶었다. 퉁퉁 불은 라면을 먹어보지 않은 자하고는 인생을 논하지 말라!

— 안도현, 〈라면/예찬〉

1980년대 한국 경제의 고도성장은 3저 호황과 더불어 저임금 정책에 힘입은 바 크다. 저임금을 뒷받침하는 것은 저곡가. 먹고 사는 데 돈이 덜 들어야 저임금을 견딜 수 있는 것은 당연하다. 정부가 라면 가격 인상을 계속 불허한 것도 같은 맥락으로, 라면 은 정말로 '제2의 쌀'이었다.

라면과 사재기

1994년 3월, 북한에서 '서울 불바다' 발언이 나왔을 때 서울 시내 라면이 갑자기 동이 났다. 그 전 달인 2월보다 30퍼센트나 많은 라면이 팔렸다고 한다. 같은 해 6월 북한이 국제원자력기 구IAEA를 탈퇴할 때에도 3일 만에 무려 5,400만 개의 라면이 팔 렸다. 당시 서울 강남구 영동백화점에서는 하루 30상자씩 팔리 던 라면이 200상자씩 팔렸다고 한다.

1980년대 이후 한국 경제가 꾸준히 성장세를 이어나가게 되면서, 라면은 경기와 상관없이 판매량이 일정 수준 유지되고 있다. 하지만 경기가 활황보다는 불황일 때, 또 한반도 긴장 상태나 사회적 위기 등에 직면했을 때 판매량이 올라가는 것은 부인하기 어렵다. 비상식량으로서의 성격 때문이다. 2020년 봄 코로나19 확진자가 갑자기 늘어나 사람들의 불안감이 팽배해졌을 때에도 언론은 연일 라면 판매량을 보도했다. 사재기가 시작된 것인지 확인하기 위해서였다.

코로나19 사태로 인해, 흥미로운 현상이 하나 발견되었다. 라면의 최대 소비국(1인당)이라 할 수 있는 한국에서는 정작 코로나19로 인한 라면 사재기를 거의 찾아볼 수 없었지만, 오히려 미국 등 외국에서 라면 사재기가 눈에 띄게 발생했다는 것이다. 한국에서는 초기 잠시 동안 라면 등 생필품이 마트마다 동이 나는 현상이 벌어졌지만 금세 사그라들었다. 그러나 외국에서는 코로나19로 인한 사재기가 심각해 슈퍼마켓에서 텅텅 빈 선반이 목격되고, 사람들이 서로 식량과 물, 약품, 손 소독제, 마스크, 휴지 등 생필품을 사느라 다툼이 생기는 일까지 있었다. 이때 사재기한 품목에 한국 라면이 있었는데, 이 때문만은 아니겠지만 한국 라면 수출이 크게 늘었다.*

한국에서 코로나19로 인해 달라진 라면 소비 패턴은 마트 등

오프라인 매장이 아니라 온라인 쇼핑몰에서 라면을 구입하는 경우가 크게 늘었다는 것과 한창 소비 규모를 늘려가던 용기면이 아닌 봉지면의 수요가 크게 늘었다는 점이다.** 사회적 거리두기를 위해 직장이나 학교를 가지 않고 온 가족이 집에 머무르는 시간이 길어진 탓이다.

재해 지원 물품에서도 라면은 중요한 위치를 차지한다. 수재, 화재를 비롯해 대규모 재난 현장에 라면은 빠지지 않고 피해자들에게 전달되었다. 사회적 약자들이 모인 공간인 양로원, 재활원, 고아원, 쪽방촌 등은 물론, 군 장병과 전투경찰 등에게 가는 위문품에서도 라면이 빠지는 법은 거의 없었다. 라면은 여러 나라 군대에서도 비상식량으로 쓰이고 있다.

무엇보다 히말라야를 오르는 등반대원들이나 사막 마라톤에 참가한 선수들이 텐트에서 라면을 끓여 먹는다는 것, 그리고 큰

---

* "농림축산식품부는 올해(2020년) 1분기 농식품 수출액이 전년 동기 대비 5.8% 증가한 17억 4,300만 달러를 기록했다고 밝혔다. 특히 3월 한 달 수출액은 6억 7,500만 달러로 전년 대비 15.8% 늘었다. 가공식품 수출액은 14억 1,500만 달러로 전체 수출액의 80% 이상을 차지했다. 라면 27.5%, 쌀 가공식품(대개 '즉석밥') 18.4%, 김치 19%, 인삼 5.9% 등 저장성이 좋거나 건강식품으로 알려진 품목 수출이 크게 늘었다. 지난달 라면 수출액은 626억 원으로 전년 동기 대비 41.6% 치솟았다"(《조선일보》, 2020년 4월 7일).

** https://m.post.naver.com/viewer/postView.nhn?volumeNo=29193817&memberNo=27875303&vType=VERTICAL.

어려운 이들에게는
라면이 먼저 간다.

재난이 일어나면 라면과 생수가 가장 먼저 현장에 도착한다는
사실이 비상식량으로서 라면의 가치를 잘 증명하고 있다.

일본에서는 용기면을 비축식량으로 주목하고 있는데, 조리를
위한 도구와 식기 없이 물만 있으면 폐허 속에서도 먹을 수 있기
때문이다. 닛신식품에서는 비축식량의 유용성을 극대화하기 위
해 양철 캔에 진공 포장을 해서 유통 기한을 3년까지 늘린 비축
전용 용기면을 2012년에 개발하기도 했다.

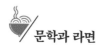

문학과 라면

라면은 서민의 삶과 떼려야 뗄 수 없는 먹을거리다. 그래서 인지 시와 소설 등 다수의 문학 작품에서 등장인물이 라면을 먹는 장면이 심심치 않게 등장할 뿐 아니라 나름의 '라면론'을 펼쳐 보인 작가도 꽤 있다.

그중 한 명이 이외수다. 이외수는 젊은 시절 '춘천 거지'라는 별명이 붙었을 정도로 가난해, 라면 하나도 다 먹지 못하고 네 등분으로 나누어 먹었을 정도로 힘들게 살았다고 한다. 그의 중편소설 〈훈장〉은 1975년 문예지 《세대》에서 신인문학상을 받았는데, 거기에 라면이 등장한다.

배가 고프군. 나는 방구석에 놓여 있는 두꺼운 마분지상자 앞으로 걸어왔다. 그리고 상자에 인쇄되어 있는 "三養(삼양). 쇠 고기. 주의. 햇빛과 습기를 피해주십시오. 50食入(식입) 삼양식 품공업주식회사" 따위의 글자들을 무심코 읽은 다음 그 속에 서 문명인의 대용 식사 한 봉지를 끄집어냈다.

그것을 싸고 있는 비닐 포장지에는 친절하게도 조리법이 자 세히 적혀 있었고, 계란과 파를 곁들여 먹으면 더욱 맛이 난다

라면은 어떻게 한국인의 소울푸드가 되었나

는 조언까지 첨부되어 있었다.

활발한 SNS 활동으로 '트통령'이라는 별명까지 갖게 된 이 작가는 "누가 만들었을까, 라면. 내가 개고생하던 시절에 미리 만들어주셨으면 열흘씩 물배만 채우고 살지는 않았을 텐데. 제기럴. 지금은 몇 박스씩 쌓아두고 사는데도 죽이는 맛이네. 먹을 때마다 옛날이 생각나고 먹을 때마다 억울해지네. 때로는 목이 메이네"라는 글을 SNS에 올리면서 '라면 마니아'임을 고백했다. 또한 보이는 모습만으로 사람을 평가하면 안 된다는 주장을 라면에 빗대 펼치기도 했다. "라면을 끓일 도구가 없어서 생라면을 먹는 사람과 라면을 끓이기 귀찮아서 생라면을 먹는 사람을 똑같이 취급하면 안 된다"라는 것이다.

이문열 작가는 대하소설 《변경》(7권, 문학과지성사, 1998)에서 1960년대 초의 라면을 다음과 같이 표현했다.

노랗고 자잘한 기름기로 덮인 국물에 곱슬곱슬한 면발이 담겨 있었는데, 그 가운데 깨어 넣은 생계란이 또 예사 아닌 영양과 품위를 보증하였다. (…) 철은 갑작스레 살아나는 식욕으로, 그러나 아주 공손하게 라면을 먹기 시작했다. 그때의 주관적인 느낌으로는 세상에서 가장 귀하고 맛난 음식을 먹고 있는 듯했다.

등장인물이 라면을 '공손하게' 먹었다는 표현이 의미심장하다. 허기진 사람 앞에 놓인 음식은 그런 경의의 대상이 될 자격이 있으리라.

물론 이렇게 라면을 무겁게 다룬 작품만 있는 것은 아니다. 현직 교사 박기복은 청소년 성장소설 《라면 먹고 힘내》(행복한나무, 2019)를 통해, 말없이 건네는 라면 한 그릇이 주는 위로의 힘을 묘사한다.

그 맛을 표현할 적당한 말을 찾는 것은 내 능력 밖이다. 내 능력으로 특정한 낱말을 골라서 표현을 하면 황홀한 맛에 대한 모독이 될 뿐이다. 가장 어울리는 표현을 굳이 찾자면 '신이 주신 맛' 정도가 어울린다.

문학과 라면 얘기를 하면서 시인 복효근의 〈라면론〉 연작을 빠뜨릴 수는 없다.

라면론-라면의 온도

방학이 되어 학교 급식 못 먹을 때
내리 사흘 라면을 먹고 버틸 때
'라'자만 들어도 토가 나올 것만 같을 때
어쩔 수 없이 마악 또 라면을 끓이고 있을 때
"밥은 챙겨 먹고 있니?"
담임의 전화를 받았을 때
"네, 걱정 마세요."라고 대답해야 했을 때
딱히 누구를 향해서도 아닌,
근거 없는, 밑도 끝도 없는 적개심이
가슴을 치며 올라올 때
내 끓는 피의 온도는 섭씨 100도

라면론-라면에 대한 예의

눈물로 간을 맞춘 라면을 먹어 보지 않은 사람은
인생에 대해서 말하지 말라.

라면은 맛으로 먹는 게 아니다.

그러니 라면 국물을 마실 땐 그릇을 두 손으로 감싸 쥐고
받들듯이 먹는 것이다

그땐 그랬다고, 그런 시간이 있었다고
늘 세상 어딘가엔 눈물로 라면을 삼키는 사람은 있다고

K 선배는 말했다.

소설과 시에 등장하는 라면 속에 우리 사회가, 그리고 사람
들의 삶이 고스란히 들어 있다.

5장

라면 안에 사회를 담다

음식이란, 처음에는 생명을 유지하기 위해 먹고 다음에는 즐기기 위해 먹게 된다. 라면 또한 굶주림의 해결만이 아닌, 다양한 상황에서 다양한 맛을 즐기고 싶다는 소비자의 요구를 충족시키기 위해 변신을 거듭해왔다. 집 밖에서 식사를 하는 사람들이 많아지자 용기면으로 대응했고, 짜장면, 우동, 비빔국수 등 한국인이 먹고 싶어하는 거의 모든 면이 라면으로 재탄생했다.

경제 성장에 따른 여가 활동의 확대, 독신가구 증가 같은 사회 변화가 모두 라면 안에 담겨 있는 셈이다. 라면은 사회를 비추는 거울이다.

임춘애의 라면, 여의도광장의 라면

국제적인 체육대회의 개최가 국력의 과시였던 때가 있었다. 특히 1966년에 1970년 아시안게임의 개최지를 서울로 유치하고 나서 1년 뒤 비용 부담을 이유로 유치 포기를 선언한 적이 있는 한국으로서는, 1986년 서울 아시안게임과 1988년 서울 올림픽 개최는 오랜 한을 푼 것이나 마찬가지의 쾌거였다.

1986년 아시안게임에서 라면은 번외의 주연이 되었다. 여자 육상 800미터, 1500미터, 3000미터에서 모두 금메달을 따 3관왕에 오른 임춘애가 "라면을 먹으며 운동했다"고 한 말 때문이었다. 이로써 라면은 가난뿐 아니라 가난 극복의 '헝그리 정신'을 상징하게 되었다. 그러나 실제로 임춘애가 라면'만' 먹고 훈련을 한 것은 아니었고, 코치의 부인이 라면을 끓여줘 간식으로 먹은 것이라고 한다* 사실이 아님에도 이 일화는 한국인의 심금을 울렸다. 가난했든 아니든 라면으로 배고픔을 해결했던 기억 하나

쯤은 갖고 있기 때문이리라.

1980년대의 라면은 한편에서는 여전히 자취생들의 주요 끼니였지만, 다른 한편에서는 레저 활동을 위한 간식이 되었다. 한국에서 인스턴트 라면이 처음 나온 1963년에는 100달러에 불과하던 1인당 국민소득GNI이 1973년에는 404달러, 1983년에는 2,113달러, 1993년에는 8,402달러로 가파르게 상승했다.** 먹고 사는 부담에서 벗어나면 즐길 거리를 찾는 것이 사람의 본성. 아직 돈이 많이 드는 스포츠나 레저 활동을 즐길 형편은 아니었지만, 한국인들은 새로 뚫린 고속도로***를 달리는 버스를 타고 전국의 바다와 산, 명승지에서 관광 및 등산, 낚시를 즐길 수 있게 되었다.

청소년들의 여가 활동도 바뀌었다. 여의도광장에서 자전거나 롤러스케이트를 타는 것은 1970년대 이후 서울 청소년의 특권이었다. 주말 동안 여의도광장을 차 없는 거리로 만들어 시민 휴식처로 제공했는데, 여기서 자전거와 롤러스케이트를 대여해주었기 때문에 어린이와 청소년들이 주말마다 몰려들었다. 신나

* 오마이뉴스, 2018년 4월 15일.
** 한국은행 경제통계시스템.
*** 경부고속도로 1970년, 호남고속도로 1973년, 영동고속도로 1975년 개통.

게 몸을 쓰다 보면 출출해지게 마련이라 곳곳의 매점에서 빵과 우유 등을 사 먹곤 했다. 그런데 1980년대 중반 들어 풍경이 바뀐다. 빵과 우유 대신 라면을 먹게 된 것이다. 물론 야외에서 풍로를 놓고 냄비에 라면을 끓여 먹었던 것은 아니다. 흔히 '컵라면'이라 불리는 용기면을 먹었다.

1986년 농심에서 공을 들인 CF 중 하나가 여의도광장을 배경으로 한 것이었는데, 여의도광장에서 용기면을 먹는 청년들이 등장한다. 이처럼 1980년대 중반부터는 삼양식품의 포장마차 육개장(1985년), 농심의 김치사발면과 팔도의 도시락(1986년) 등 다양한 용기면이 출시됐다. 만만치 않은 가격이 매겨졌지만 어디에서나 라면을 뜨끈한 국물과 함께 먹을 수 있다는 매력으로 인해 금방 자리를 잡았다. 저녁 늦게까지 야간자율학습을 하느라 도시락을 2개씩 싸 가야 했던 고등학생에게, 한 번 자리를 잡고 앉으면 쉽게 움직일 수 없는 낚시꾼에게, 산행 떠나는 등산객에게, 용기면은 없으면 안 되는 동반자가 되었다.

커피 자판기보다 빠른 컵라면 자판기

삼양식품이 '컵라면'이라는 이름으로 우리나라 최초의 용기면을 출시한 것은 뜻밖에도 1972년. 대중의 인식과는 달리 상당히 이른 시기였다. 세계 최초의 용기면이 그 전해인 1971년에 일본 닛신식품에서 출시되었으니, 거의 곧바로 한국에서도 용기면이 출시된 셈이다.

지금 발포 스티로폼이나 두꺼운 종이를 사용하여 라면 용기를 만드는 것과 달리, 얇은 플라스틱을 골판지 모양으로 만든 용기에 면을 담은 것이었다. 당시 라면을 담은 용기는 요즘 용기면 중 가장 작은 사이즈보다는 조금 컸고, 면도 지금과 달리 단면이 직사각형으로 납작한데다 종이처럼 얇았다. 냄비에 끓이는 것이 아니라 뜨거운 물에 불려 먹어야 했기에 봉지면처럼 면이 굵을 수 없었던 것이다.

삼양식품은 컵라면을 출시하며 "끓이지 않고 3분이면 OK!"라는 문구를 내세우며 "새로 나온 컵라면은 사무실이나 야외 등에서 냄비나 불을 이용하여 요리하는 번거로움을 덜고 간편하게 먹을 수 있는 라면"이라고 광고했다. 용기면의 '편리성'을 강조한 광고였다. 하지만 대중에게 생소한 제품이었던데다가 봉지면 대비 4배나 비쌌다.

컵라면이 기대만큼 시장에서 호응을 얻지 못하자, 삼양식품은 대담한 시도를 했다. 1976년 명동 코스모스백화점, 경희대 입구, 수송동 삼양식품 체인점, 그랜드제과, 이화여대 입구 등 서울 다

삼양식품에서 자체 개발한 라면 자판기. 1980년대.

섯 곳과 부산, 대구, 인천, 광주, 대전 중심지에 '컵라면 자동판매기'를 설치한 것이다. 그런데 이 자판기는 지금 생각하는 것과 같이 라면에 끓는 물을 자동으로 부어 익힌 라면을 내주는 것이 아니었다. 100원짜리 동전을 넣고 제품을 선택한 뒤 물을 내리는 버튼, 젓가락을 떨구는 버튼 등을 차례로 누르는 식이었다.

롯데산업이 일본 샤프사에서 만든 인스턴트 커피 자판기 400대를 수입한 해가 1977년이니, 한국 자판기 역사의 가장 앞자리를 차지하는 것이 다름 아닌 컵라면이다. 그러나 이런 투자에도 불구하고 컵라면은 소비자의 마음을 잡는 데 성공하지 못했고, 얼마 못 가 제품마저 단종되었다.

그러나 용기면에 대한 라면 회사들의 애정은 식지 않았다. 1981년 11월, 농심은 '컵' 형태가 아닌 '사발' 형태의 용기를 쓴 사발면을 내놓았다. 초기에는 비싼 가격(봉지라면이 100원일 때 사발면은 300원이었다)과 온수를 쉽게 구할 수 없는 환경 등으로 인해 시장의 반응이 그리 좋지 않았지만, 농심 역시 삼성과 제휴한 자동판매기를 보급하면서 상황이 개선되었다. 삼양식품도 용기면에 재도전했다. 1982년 5월 공정을 자동화하고 내용물을 보강해 다시 삼양컵라면, 삼양1분면 등을 출시하면서, 용기면 경쟁은 뜨겁게 달아올랐다. 컵라면 자판기도 업그레이드되어 다시 등장했다. 1984년 10월, 삼양식품은 완전 국산화한 컵라면 자판기를 생산·보급했다. 이 자판기는 컵라면 안에 온수가 직접 투입되는 것으로, 소비자는 꺼내서 먹기만 하면 되도록 만들어졌다.

분식집에서 편의점으로

빅맥지수*라는 것이 있다. 각국의 통화가치를 맥도날드의 빅맥 햄버거 가격을 기준으로 평가하는 지수다. 이 지수가 가능하기 위해서는 전 세계 거의 모든 나라에 맥도날드가 진출해 빅맥을 판매한다는 것이 전제되어야 한다. 물론 한국에서도 1988년 압구정동 로데오거리에 첫 맥도날드 점포가 입점한 이래 현재까지 많은 이들이 빅맥을 비롯한 햄버거를 먹고 있다.

그러나 한국에서는 맥도날드를 비롯한 패스트푸드 체인의 햄버거가 외국에서만큼 위세를 떨치지는 못했는데, 그 이유로 '김떡순'(김밥, 떡볶이, 순대) 같은 분식을 드는 사람이 많다. 한국인

* 미국 패스트푸드 회사 맥도날드의 대표적 햄버거 상품인 빅맥Big Mac의 판매가격을 기준으로 하여 각국의 상대적 물가수준과 통화가치를 비교하는 지수로, 영국의 경제주간지《이코노미스트》가 1986년부터 매년 상반기와 하반기에 발표한다. 2020년 7월에 발표된 빅맥지수에서는 스위스가 6.91달러로 1위, 노르웨이가 5.55달러로 2위, 스웨덴이 5.76달러로 3위를 차지해 북유럽의 높은 물가를 입증했다. 한국은 3.75달러로 20위에 올랐다.

의 입에 맞는 값싼 분식 덕분에 굳이 햄버거가 필요 없다는 말이다. 그런데 분식집에서 파는 것 중 진짜 분식은 라면뿐이다(떡볶이의 떡이 밀떡이기는 하지만). 집에서는 라면을 끓여서 밥을 말아 먹던 사람들이 분식집에서는 라면과 김밥을 주문해 함께 먹는다.

분식집에서 라면은 주 메뉴였고, 다양한 변주로 인해 메뉴판의 절반 가까이를 차지할 수 있었다. 떡국 떡을 넣은 떡 라면, 만두를 넣은 만두 라면, 치즈를 얹은 치즈 라면 정도는 평범한 분식집에도 있는 메뉴였고, 소위 라면 전문점에서는 해물 라면, 해장 라면 등 좀 더 다양한 식재료와 결합한 다양하고 비싼 라면을 취급했다.

재밌는 것은, 1969년에 인기 영화배우들이 직접 라면을 끓여 손님에게 내는 '고급' 분식집이 문을 연 적이 있었다는 사실이다. 1969년 7월 10일에 개업한 '월하의 집'이라는 분식집이었는데, 영화인협회 연기분과위원회 소속 배우들이 운영한 '분식 레스토랑'이었다. 영화인들이 운영한 분식집답게 이름은 그 2년 전 개봉해 공전의 히트를 친 공포영화 〈월하의 공동묘지〉에서 따온 것이었고, 장소는 삼양식품이 충무로2가에 있는 '분식센터'를 협찬한 것이었다.

신성일, 문희, 엄앵란, 김지미 같은 당대 톱스타들이 순번

영화인협회에서 운영하고 유명 배우들이
순번을 짜서 라면을 직접 끓여 서빙한
분식 레스토랑 '월하의 집' 개업식을 다룬 기사.
경향신문(1969년 7월 12일).

을 짜서 돌아가면서 출근해 손님들 라면을 끓여주었는데, 당번날에 나오지 않은 배우에게는 벌금 1만 원을 받기로 한 규칙도 있었다고 한다. '레스토랑'에서 인기 배우들이 끓여주는 라면이지만 한 그릇 가격은 40원(당시 봉지면 가격 19원으로, 현재 600~700원짜리 봉지면을 분식점에서 먹을 때는 2,500원 정도임을 생각하면, 결코 비싼 것도 아니었다)이었는데, 첫 날은 650그릇이나 팔렸다고 한다. 물론 이런 활동은 정부의 분식 장려 정책에 발맞추는 것이었는데, 이 분식 레스토랑의 운영은 그리 길게 가지 못했다.

분식집은 여전히 곳곳에 있지만, 라면은 다른 곳에서 더 많이 팔린다. 분식집에 가서 라면과 김밥을 주문해 기다릴 여유가 없는 이들은, 이제 편의점으로 간다.

1989년 국내 최초의 편의점이 문을 연 이래, 편의점의 가장 중요한 상품은 용기면이었다. 편의점에서 사는 용기면은 가정식과 외식 사이에 있다. 라면만 사 들고 집에 가서 먹을 수도 있고, 편의점에서 제공하는 끓는 물을 붓고 편의점에서 제공하는 의자에 앉아 먹을 수도 있다. 편의점에서 끓는 물을 부은 후 들고 나와 길거리 어디 편한 곳 아무 데서나 먹을 수도 있다.

편의점 냉장 진열대에는 용기면의 '영혼의 짝꿍' 삼각김밥이 있다. 소형 포장된 김치도 있다. 삼양식품이 처음 컵라면을 출시하며 했던 광고대로 "가정상비품, 손님 접대용, 직장 주야식용, 하이킹 및 야외 휴대용"으로 없어서는 안 될 라면, 용기면이 승승장구하고 있다.

라면, 소비자의 응용과 제품 개발의 변증법

한국 라면은 태생부터 김치와 함께했다. 한국 최초의 라면, 삼양라면의 포장지 뒷면에는 '먹는 방법'이 (지금의 조리 예처럼) 안내되어 있었는데, "파나 김치 또는 불고기, 햄, 쏘시지를 곁들여서 먹으면 더욱 맛이 좋습니다"라는 힌트가 마지막에 붙어 있다.

일본 라면과는 달리 고춧가루를 스프에 첨가해 매운맛을 가미한 한국 라면이건만, 한국 소비자는 여기에 김치를 반찬으로 곁들이거나 아예 라면을 끓일 때 김치를 넣어 끓여 먹었다. 어릴 때는 김치를 쳐다보지도 않던 아이들이 커서는 김치를 먹게 되는 이유가 라면이라는 우스갯소리가 있을 정도다.

김치, 달걀, 파 등을 넣어 먹는 것으로 시작한 소비자의 라면 '응용'은 의외로 다양한 조리법을 자랑하게 되었다. 자신의 입맛에 맞게 때로는 카레 가루를 넣었고, 때로는 햄과 치즈를 토핑

簡便第一·純即席　特殊栄養食品

ー먹는방법ー

1, 먼저 끓는 물에 그릇 을 부시어 덥히고
2, "라ー면„을 담은 후 "스ープ„를 넣고
3, "라ー면„이 충분히 잠기 도록 팔팔끓는 물을 부어
4, 3~4분 간 뚜껑 을 덮어 두었다 먹습니다
팔팔 끓는 물 에 넣어 다시 1~2분 끓이면 더욱 맛 이 납니다
5, 이때에 파 나 김치 또는 불고기 햄 쏘시지를 걸 드려서 먹으면 더욱 맛이 좋습니다

<營養分析表>

水分	蛋白質	脂肪	糖分	灰分	纖維
5.2%	9.4%	14.8%	62.3%	8.0%	0.3%

本　社. 서울特別市鍾路区貫鉄洞89
서울五場. 서울特別市城北区下月谷洞82-9

칼로리가 높은　三養 라면

한국의 라면은 태생부터 김치와 함께였다.
초기 삼양라면의 조리 안내.

했고, 해장이 필요한 날에는 콩나물을 넣어 끓였다. 저마다 창의력을 발휘할 수 있는 라면 응용 노하우는 훗날 블로그와 SNS의 시대를 맞아 공유됐고, '짜파구리'처럼 대박을 치는 응용 조리법도 등장했다.

소비자가 라면을 저마다의 방식으로 응용했다면, 라면 업계는 다양한 제품을 개발하는 것으로 응수했다. 소비자가 카레를 섞어 먹는다면 카레 라면*을 내놓았고, 부대찌개나 김치찌개 끓일 때 라면을 넣었더니 스프를 빼고 면만 들어 있는 사리면이 등장했다. 라면에 밥을 말아 먹는 사람들을 겨냥해 아예 밥과 함께 포장한 '캡틴플러스 공기밥'이라는 용기면이 출시된 적도 있었고(1995년), 비교적 양이 적어 여성들에게 인기가 많은 스낵면은 그 적은 양 때문에 불만인 사람들을 위해 아예 '밥 말아 먹기 좋은 라면'이라고 내세우고 있다.

어쩌면 소비자의 응용이 필요 없을 정도로, 라면은 애초부터 다양했다. 이미 1969년, 1970년에 연이어 칼국수와 짜장면을 인스턴트 제품으로 내놓은 데서 알 수 있듯이, 한국인이 먹는 모든 면은 라면으로 출시되는 것이나 다름없다. 삼양식품과 농심 양강의 경쟁은 물론, 후발주자들 또한 저마다 새로운 제품을 내놓

* 최초의 카레 라면은 삼양식품에서 1970년에 출시한 '카레라면'이다.

으며 도전했다.

후발주자 팔도는 라면 시장에 진출한 이듬해인 1984년 6월 회심의 역작 비빔면을 출시했다. 라면 하면 연상되는 뜨거운 국물이 없는 파격적인 제품이었다. 처음에는 여름 시장만 노리는 계절 상품이었지만, 소비자들의 반응이 좋아 사계절 상품으로 바뀌었으며 지금도 소비자들의 사랑을 받고 있다. 삼양라면 이후 라면 포장지는 거의 주황색이나 빨간색 계통을 사용했는데, 비빔면은 처음으로 파란색을 내세운 포장지로 '시원함'을 강조하기도 했다.

팔도는 이미 양분된 라면 시장에서 자리 잡기 위해 신선한 시도를 많이 했는데, 당시를 기억하는 소비자들의 머릿속에는 초록색 면발의 '팔도라면 클로렐라'(1983년)가 강렬하게 남아 있을 것이다. 녹조류 단세포 생물인 클로렐라를 넣고 면을 반죽해 풍부한 영양을 강조한 이 라면은, 1980년부터 등장한 컬러 텔레비전을 통해 그 푸른 면발을 자랑했다. 그러나 홍보 포인트였던 그 푸른색 면발에 거부감을 느낀 소비자가 많았던 탓인지 얼마 가지 않아 단종되고 말았다.

기존 라면 업체도 물론 가만히 있지는 않았다. 지금까지도 라면계의 제왕으로 군림하는 스테디셀러들이 이 무렵 출시되었다. 라면 양강이 쇠고기 맛 라면에 이어 2차 격돌을 한 분야는 짜장 라면이었다. 먼저 농심이 1984년 짜파게티를 출시했고, 이듬해 삼양식품이 짜짜로니를 내놓았다. 이 라면들은 진짜 짜장면 같은 맛을 내기 위해 소비자의 불편을 요구했다. 많은 양의 물에 먼저 면을 끓인 뒤 물을 따라내 버리고 스프를 넣어 면을 '볶아서' 완성하라는 귀찮은 조리법을 제시한 것이다. 그러나 소비자들은 어린 자녀들을 위한 주말 별식으로 기꺼이 이 불편함을 감수했다. 비빔면, 짜파게티, 짜짜로니의 등장으로 국물 없는 라면 시대가 열렸다.

1980년대에는 현재까지 베스트셀러의 자리를 지키고 있는 대표 라면이 여럿 등장했다. 안성탕면과 너구리가 시장에 등장한 해가 1983년. 안성탕면은 '내 입에 안성맞춤'이라는 독특한 광고 카피와 안성에 공장을 두었다는 사실을 강조한 제품명이 강렬한 인상을 주면서 크게 히트하게 된다. 우동처럼 두꺼운 면발을 내세운 라면인 너구리의 공식 제품명은 '너구리우동'이었다. 순한 맛이 먼저 출시되었고 몇 달 후 얼큰한 맛이 나왔다. 초기 너구리 순한 맛은 간장 맛 국물과 튀김 부스러기 플레이크로 일본 우동과 비슷한 맛과 모양을 내는 데 주력했다.

서울 아시안게임이 열렸던 1986년에는 신라면이 나왔다. 아시안게임과 2년 후 열릴 올림픽을 겨냥해 '외국인들에게 한국인의 매운맛을 보여주자'라고 광고했는데, 이 콘셉트는 2020년 현재

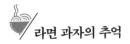 **라면 과자의 추억**

1980~90년대에 어린 시절을 보낸 이들이 기억하는 라면 조리법이 하나 있다. 생라면(인스턴트 라면이 곧 라면인 한국에서 생라면이란 끓이지 않은 상태의 건조 면을 가리킨다)을 봉지에 넣은 채 잘게 부수고, 거기에 라면 스프를 뿌려 먹는 것이다. 인스턴트 라면의 이 인스턴트 조리법은 간식으로, 때로는 술안주로 은근히 인기를 끌었다. 라면은 이보다 좀 더 성의 있는 조리 과정을 거쳐 과자로 변신하기도 했는데, 생라면을 끓이지 않고 한입 크기로 부수어 기름에 한 번 튀긴 후 설탕을 뿌려 먹는 것이었다.

라면을 과자로 소비하는 것은, 놀랍게도 이미 1971년에 이루어졌다. 삼양식품은 '라면과자'를 개발하여 시판했고 1년 뒤 제품명을 '뽀빠이'로 개명했다.* 롯데공업에서도 뒤질세라

---

* 뽀빠이는 시판되자마자 대단한 인기를 끌었다. 호사다마일까. 포장지의 뽀빠이 그림이 '용공' 시비에 휘말렸다. 뽀빠이의 머플러가 붉은색이고, 팔뚝에 그려진 닻 문신이 사회주의의 상징인 망치와 낫이라는 것이었다. 그 후 삼양식품은 뽀빠이의 닻 문신을 지우고, 머플러 색을 검은색으로 바꾸었다. 이 또한 당시 이 과자의 인기를 보여주는 일화이겠다.

1972년 '라면땅'을 출시했는데, 이는 2001년에 출시된 '쫄병스낵'으로 이어졌다. 1999년에는 오뚜기에서 소비자가 먹는 방식 그대로 즐길 수 있게 한 라면 과자 '뿌셔뿌셔'를 출시했는데, 라면 모양 그대로의 과자에 라면 스프처럼 생긴 양념 봉지를 첨부해 포장했다.

이 제품들은 지금까지도 라면 과자의 대명사로 판매되고 있다.

라면 안에 사회를 담다

축구선수 손흥민을 내세운 광고에도 계승되고 있다. 오뚜기가 순한 맛과 매운맛 두 가지로 진라면을 출시한 것은 1988년. 매운맛 라면 일변도인 한국 라면 시장에서 삼양라면, 너구리와 더불어 '순한 맛' 라면으로 스테디셀러가 되었다.

국물 없는 라면에 이어, 맵지 않은 라면도 등장했다. 1986년 팔도는 설렁탕면을 출시하면서 국밥 대용의 간편식임을 내세웠다. 1988년에는 농심이 사리곰탕면을 출시했다. 라면으로서는 특이하게도 아침식사 대용이라는 콘셉트를 내세웠는데, 자극적이지 않은 국물을 강조한 홍보였다. 이들 라면은 한국인의 원조 패스트푸드이자 영원한 로망인 '고기국밥'을 라면으로 구현한 것으로, 이런 콘셉트는 2018년 오뚜기가 내놓은 쇠고기미역국라면으로 이어졌다.

농심이 공장이 있는 '안성'을 내세운 안성탕면을 내세우자, 삼양식품에서는 지역의 특색과 입맛을 살린 라면을 내놓았다. 1984년, 호남 공장에서는 전라도 음식 고유의 감칠맛을 앞세운 '호남탕면'을, 영남 공장에서는 영남인들이 좋아하는 얼큰한 맛이 나는 '영남탕면'을, 서울 공장에서는 나물을 많이 쓴 '서울탕면'을 개발했다. 이 제품들은 '차표가 필요 없는 맛의 여행'이라는 광고와 함께 시판되어 관심을 모았다.

라면 개발사에서 빼놓을 수 없는 것이 쌀과의 관계다. 1960년대 라면은 모자라는 쌀을 대체할 식량이었다. 1989년에는 쌀이 남아돌았다. 정부는 쌀 소비 촉진을 위해 쌀을 원료로 하는 가공식품의 개발을 장려했다. 이에 삼양식품은 면에 쌀을 30퍼센트 섞은 쌀라면을 출시했고, 팔도와 농심도 이어서 쌀을 섞은 라면을 내놓았다. 쌀이 모자랄 땐 라면으로 배를 채우고 쌀이 남아돌 땐 라면으로 흡수한, 라면과 쌀의 변증법이다.

웰빙과 라면

문화권에 따라 국수를 먹을 때 면을 중시하는 곳이 있고, 국물(육수)을 중시하는 곳이 있다. 한국인은 전통적으로 국물을 중시해왔는데, 라면에서도 예외가 아니다. 국물을 중시하는 한국인 특유의 입맛 때문에, 1990년대 초반까지는 라면 개발에 있어서 면보다 국물, 즉 스프에 훨씬 더 신경을 썼다.* 그러다가

---

* 라면 스프 만들기는 좋은 재료를 모아 끓이는 데서 시작한다. 푹 고아 만든 국물을 건조시키고 가루를 낸 것이 분말 스프다. 돼지고기 엑기스, 닭고기 엑기스, 쇠고기 엑기스, 오징어 엑기스 등 단일 엑기스를 개발한 후, 비율을 달리하여 배합하면 액상 스프가 제조된다. 이렇기에 스프 개발자는 원료를 고객 요청에 맞게 블렌딩하는 '맛의 조합사'라고도 부를 수 있다.

1990년대 중반부터 그 관심이 면으로 확장되기 시작했다.

경제 성장이 어느 정도 이루어지면 사람들은 건강에 관심을 쏟게 마련인데, 당시의 한국 사회에도 웰빙 바람이 불었다. 이를 계기로 유탕면 일변도와 스프 개발 중심에서 벗어나 냉동면, 냉장면, 생면 등 새로운 형태의 라면이 많이 등장했다. 풀무원이 생면을 내세우며 라면 시장에 새롭게 참여한 것도 이 시기다.

1998년에는 국내 라면 시장 규모가 1조 원을 넘으며 성숙기에 접어들게 된다. 우지 사건과 외환 위기로 큰 타격을 입고 한동안 주목할 만한 신제품을 내놓지 못했던 삼양식품도 1998년에 건면 형태의 삼양잔치국수를, 1999년에는 수타면을 출시하면서 면 개발 경쟁에 뛰어들었다. 면발을 만드는 데 굴곡형 롤러 Wave Roller를 사용하여 수타면과 흡사한 외형으로 면을 뽑아내는 방식으로 생산되었다. 농심에서 1997년에 출시한 멸치칼국수도 현재까지 생산되는 건면이다.

웰빙 열풍을 타고, 1997년에는 화학조미료 L-글루탐산나트륨 MSG을 넣지 않은 최초의 라면 뉴면(빙그레)이 출시되기도 했다. 이 라면은 소비자에게 그리 어필하지 못했지만, MSG 무첨가는 어느새 한국 라면의 대세가 되었다. 삼양식품과 농심, 오뚜기 등 주요 라면 제조사들은 2007년부터 스프에 MSG를 넣지 않고 있다. 2000년대로 넘어가면서, 라면 시장의 격돌은 웰빙이 아니라 '프리미엄'에서 일어난다.

1990년대 중반에 들어서면서는 라면의 고급화 바람이 불었다. 일본과 달리 수제 라면의 전통이 없는 한국에서 '고급화'란 값비싼 식재료를 넣고 끓이는 인스턴트 라면이었다. 바닷가에서 어부들이 꽃게를 넣은 라면, 각종 해물을 넣은 라면 등 산지에서만 먹을 수 있는 '호화' 라면을 만들어 먹은 것이 먼저였다.

그러다 국내 최고급 호텔들에서 룸서비스로 각종 해산물 등을 첨가한 라면을 제공하기 시작했다. 지금도 라면을 제공하는 것으로 유명한 호텔들이 몇 있는데, 이제는 인스턴트 라면에 고급 재료를 첨가하는 것이 아닌, 주방에서 직접 빚은 면과 국물로 새로운 라면을 창조하기에 이르렀다.

해외여행이 자유화되고 항공 산업에 경쟁이 생기면서 기내식 경쟁도 격화되었는데, 라면도 한몫했다. 대한항공에서는 1997년부터 퍼스트클래스에 라면 기내식 서비스를 제공했다. 기류에 의해 비행기가 언제 요동칠지 모르는 조건 때문에 기내에서 제공하는 라면은 국물을 뜨겁게 내기가 어렵다. 이 때문에 면이 설익었다, 국물이 미지근하다며 불평하는 고객이 있었고 급기야는 '라면 갑질' 사건이 몇 차례 일어나기도 했다.

3

라면의
새로운 시대

6장

라면으로 놀다

식민 지배에서 벗어나자마자 겪은 전쟁으로 끼니를 잇기도 어려
웠던 한국이 명실상부 선진국 그룹이라 할 OECD에 가입한 것이
1996년. 뒤이은 IMF 외환 위기로 고꾸라지는 듯했던 한국 경제는
빠르게 회복되었다.

경제적으로도, 문화적으로도 유례없이 풍요로워진 21세기 한국
사회에서, 음식은 더 이상 배고픔을 달래기 위해, 혹은 열량이나
영양을 보충하기 위해 먹는 것이 아니다. 음식은 이제 자신의 취향
을 드러내고 즐기는 대상, 하나의 문화다. 라면 또한 그 흐름에서
벗어나지 않았다.

라면으로 하나 되리

구수하사 배고픈 자의 배를 부르게 하시는 라면님을 내가 믿사오며
그의 자매품 컵라면을 믿사오니
이는 공장에서 환생하시어 상인들에게 고난을 받으사
끓는 물에 죽으시고 죽은 지 3분 만에 밥상 위에 환생하사
쫄깃한 면으로서 배고픈 자의 허기진 배를 부르게 하심이라.
이는 입을 통하여 들어가는 것과 배가 부른 것과 항문으로 나오
는 것을
영원히 믿사옵나이다.

2000년대 초반 인터넷에 퍼진 '라면 사도신경'이다. 누가 처음
만들었는지 모를 이 라면 사도신경은 여러 버전이 인터넷에 떠
돌았는데, '차게 식은 밥' 혹은 '치즈, 만두, 달걀과의 소통'을 강
조하는 버전도 있다.

사도신경이란 기독교인들이 믿어야 할 기본적인 교의教義를 간결하게 요약한 신앙고백을 가리킨다. '라면 사도신경'은 이를 패러디한 것으로, '라면교도'라면 누구나 믿어야 할 기본적인 교의라 하겠다. 그러니 물론, 라면교가 먼저다. 라면교 안에서는 '면발과 국물과 김치의 삼위일체를 부정하는' 짜장 라면이나 비빔면, '끓는 기름의 고난을 부정하는' 생면 등을 라면으로 인정해야 할 것인지를 두고 치열한 이단 논쟁을 벌이고 있다.

이런 방식의 패러디는 인터넷을 기반으로 젊은이들 특유의 놀이 문화로 자리 잡았는데, 그 소재가 라면인 것은 어찌 보면 당연한 일이다. 야식이나 간식으로 라면을 즐겨온 세월은 이미 오래되었지만, 21세기가 오면서 근본적인 사회 변화가 시작되었기 때문이다. 바로 1인 가구의 증가다. 통계청에 따르면, 1인 가구의 비율은 1990년에 9.0퍼센트에 불과했으나 2000년에는 15.5퍼센트, 2019년에는 30.2퍼센트로 지속적으로 증가하고 있다. 전체 가구의 4분의 1 이상이 가족과 동거하지 않고 혼자 살고 있다는 것인데, 이 중 절대다수는 학업 혹은 취업 등의 이유로 부모에게서 독립해 혼자 지내는 젊은이다.

공부하느라, 일하느라 바쁜 이들은 규칙적인 생활을 하기가 쉽지 않다. 장을 보고 음식을 만들 조리 기술도 없지만, 무엇보다 한국의 밥상에 필요한 여러 반찬은 한 사람 분만 요리하기도 어렵고, 해놓고 여러 끼를 먹기도 어렵다. 경제적 여유가 있다 하더라도 라면을 선택할 이유가 차고 넘치는 것이 혼자 사는 젊은이의 일상이다. '편식하면 안 되니까 한 끼를 보통 라면으로 먹으면, 다음 끼는 짜장 라면으로 바꿔 먹는다'는 우스갯소리가 자취생들 사이에 돌 정도였다.

피할 수 없다면 즐겨라! 기왕에 라면을 먹어야 한다면 즐겁게, 재미있게 먹기 위해서일까. 젊은이들은 자유로운 공간인 인터넷 상에서 라면교를 창제하고, 라면 사도신경을 읊고, 라면 이단 논쟁을 벌이며 라면 공동체를 만들었다.

쿡방은 라면에서부터

음식 만드는 법을 알려주는 것은 대중 미디어가 생긴 이래 언제나 주요 소재 중 하나였다. 그러나 이런 추세가 21세기 들어 바뀌었는데, '요리 프로그램'이 정보 전달을 주로 하는 교양 영역에서 오락 위주의 예능 영역으로 넘어간 것이다. 소위 '쿡방'의 탄생이다.

한때 거의 모든 채널에서 숫자를 헤아릴 수 없을 정도로 음식을 먹는 '먹방'과 요리를 하는 '쿡방'이 방영되었다. 그런데 요리를 하는 것을 '예능'으로 소화한 프로그램, 쿡방의 원조라고 꼽을 만한 프로그램의 주연은 바로 라면이었다. 2009년에서 2013년까지 KBS에서 방영한 예능 프로그램 〈남자의 자격〉 중 2011년에 방영한 '라면의 달인' 편이 그것이다. 일반인 참가자와 함께 〈남자의 자격〉 출연자들이 경합을 펼친 라면 레시피 개발 대회였는데, 이때 호평을 받은 이경규의 레시피 '꼬꼬면'이 이후 팔도에서 제품으로 출시되기까지 하면서 더욱 큰 화제를 모았다. 인기 있는 예능 프로그램을 등에 업은 덕도 있었겠지만, 꼬꼬면은 출시되자마자 큰 인기를 누렸다.

이를 계기로 팔도는 한때 오뚜기를 제치고 국내 라면 시장에서 3위를 차지했을 정도다. 이 라면은 그 이름처럼 닭 육수로 국물을 내고(이경규는 시판되는 치킨스톡을 사용했다) 청양고추의 매운맛을 살린, 삼계탕의 라면 버전이라 할 수 있다.

방송과 연계된 유명세 때문에, 대부분의 소비자는 이 꼬꼬면이 당시 라면계를 강타한 '하얀 국물 라면'의 원조라고 생각한다. 그런데 실은 이보다 한 달 빠른 2011년 7월, 삼양식품에서 '나가사끼짬뽕'을 출시했다. 일본 규슈 나가사키현의 명물 음식 나가사키 잔폰은 우리나라 짬뽕과 달리 돈코쓰 육수, 즉 일본 수제 라멘의 대세인 돼지뼈 우린 육수와 닭 육수를 합친 국물에 해산물 등 풍부한 재료를 사용한 '하얀 국물' 면 요리다. '나가사끼짬뽕'은 이를 라면으로 만든 것으로, 빨간 국물의 매운맛으로 승부해온 한국 라면의 전통에서 상당히 벗어나는 시도였다.

나가사끼짬뽕의 출시는 '세계화된 입맛'의 반영이기도 했다. 1989년 해외여행이 자유화된 이후, 수많은 이들이 멀고 가까운 외국으로 나가 현지의 음식을 맛보았다. 특히 가까운 일본으로 여행을 다녀온 많은 이들이 현지에서 먹었던 일본 음식을 한국에서도 먹어보고 싶어하면서, 일본식 선술집 이자카야, 일본식 라멘집, 꼬치구이집이 우후죽순 생겨나기도 했다. 한국의 라면 업계는 일찌감치 짜장면, 칼국수 등 한국인이 즐기는 국수 종류를 인스턴트 라면으로 만들어왔는데, 나가사끼짬뽕은 거기에 외국여행의 로망까지 입힌 제품이라 할 수 있다.

삼양식품의 나가사끼짬뽕과 팔도의 꼬꼬면은 2011년 여름 공전의 히트를 기록하면서 그해 겨울 라면 시장 점유율을 8퍼센트가량 차지할 정도로 엄청난 인기를 얻었다. 오뚜기 역시 같은 해 11월에 '기스면'을 출시하며 흰 국물 라면 경쟁 대열에 합류했다. 1963년 일본 제품을 거의 그대로 들여온 삼양라면이 닭 육수를 베이스로 해 느끼하다 평가받은 것에 비하면 격세지감이라 할 만했다.

하지만 약 8개월간 폭풍 같은 인기를 누린 후 하얀 국물 라면의 판매량은 출시 2년도 못 되어 10분의 1로 급감하고 말았다.

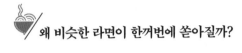

왜 비슷한 라면이 한꺼번에 쏟아질까?

삼양식품의 나가사끼짬뽕과 팔도의 꼬꼬면이 출시되던 2011년 11월에 오뚜기에서도 하얀 국물 라면 '기스면'을 출시했다(용기면으로는 2005년에 먼저 출시되었다). 전통의 라이벌 삼양식품과 농심이 비슷한 시기에 쇠고기 맛 라면을 내놓은 이후, 라면 업계에서는 비슷한 시기에 비슷한 콘셉트의 제품이 출시되는 일이 잦았다. 어찌된 일일까?

라면 업체들은 베끼기라는 의심에 절대 아니라고 고개를 젓는다. 어떤 제품이 나온 후 모방한다고 해서 그리 빨리 출시할 수도 없을뿐더러 자사의 제품 개발 능력이 타사에 의존해야 할 만큼 뒤떨어지지 않는다는 것이다. 그렇다면, 라면 업체들은 어떻게 제품 개발을 하는 것일까? (이하의 내용은 삼양식품 식품연구소에 문의하고 그 답변을 받아 정리한 것이다.)

먼저, 제품 콘셉트 결정 과정은 다양하다고 한다. 자체 개발해놓은 제품군 중에서 반응이 좋은 것을 골라 양산하는 경우도 있고, 타사에서 히트 친 상품을 보고 비슷한 콘셉트의 제품을 새롭게 개발하는 경우도 있다는 것이다. 한편, 라면 안에서의 이슈가 아니라 다른 외식 품목을 라면으로 끌어들여 제품을 개발하는 경우도 있다. 2019년 외식 업계에 마라탕이나 훠궈 같은 매운 중국 음식이 대히트를 하면서, 각 라면사에서 경쟁적으로 마라탕 관련 제품을 출시했다.

이는 각 라면 제조사에서 외식/식품 관련 이슈를 계속 주시하면서 새로운 제품 개발을 위한 아이디어를 끊임없이 내고 있다는 의미일 터. 라면 제조사에서 새로운 제품을 생산, 출시할 때 거치는 과정 또한 여타 상품 개발 과정과 비슷했다.

먼저 국내외 시장 현황 및 각종 빅데이터를 종합적으로 판단해 시제품을 개발한다. 이에 대해 사내 연구소 연구원, 마케터, 영업팀, 해외 바이어, 임원 등 다양한 직군에서 의견을 취합해 최종 시제품을 개발하여 출시한다고 한다.

'국내외 시장 현황 및 각종 빅데이터'를 좀 더 구체적으로 말하면, 자체 식품연구소, 마케팅, 영업 등의 시장조사(맛집 조사 및 탐방) 같은 외부 활동, 식품시장 트렌드 조사 및 미래 식품 트렌드 조사 같은 빅데이터 수집, 대학생 서포터스 같은 활동을 통한 B2C 데이터 수집 등이 종합된다.

아무래도 전통적인 빨간색 매운 국물이라는 라면의 대세를 넘어서지 못한 탓이리라. 이와 더불어 이유를 더 생각해보자면, 당시 너무나 다양한 라면이 쏟아져 나와 있었기 때문에 어느 하나의 제품이 시장을 지배하기는 어려워졌다는 것이다.

소비자의 레시피, 라면이 되다

〈남자의 자격〉 출연자들이 참가한 '라면의 달인'은 예선, 본선, 결승으로 나뉘어 진행되었다. 심사위원은 삼양, 농심, 팔도의 라면 3사 관계자, 당시 인기를 누리던 요리사 에드워드 권, 그리고 인터넷 라면 동호회 운영자 한창국이었다. 또한 결승에서는 기존 심사위원 외에도 라면 동호회 회원 10명이 특별 심사위원으로 합류했다. 이런저런 라면을 먹어보고 그 맛을 비교·평가하거나 기존 라면을 응용한 저마다의 레시피를 소개하는 등의 동호회 활동이 인터넷을 중심으로 꽤 활성화되었다는 사실을 보여주는 심사위원 구성이다.

맛을 평가한다는 것은 그 음식이 평가할 만한 수준의 맛을 내고 있음을 전제한다. 즉 시중에 판매되는 라면의 종류가 다양함은 물론, 비슷한 콘셉트의 라면이 여러 회사에서 나와 있다는 말이다. 짜장 라면이면 짜장 라면, 카레 라면이면 카레 라면이 거의 모든 라면 제조사에서 출시되어 있기 때문에, 같은 계열의 라면을 다양하게 구입해 먹어보고, 그 맛의 장단점을 비교·평가할 수 있다. 이런 활동이 일종의 놀이이자 커뮤니케이션 수단으로 여러 동호회 혹은 개인 SNS를 기반으로 향유되고 있는 것이다.

맛의 비교·평가보다 한 단계 나아간 놀이는 레시피 개발이다. 라면은 태생부터 소비자의 '응용'을 폭넓게 허용, 아니 권장하는 음식이었다. 제조사는 달걀, 파부터 각종 채소, 김치를 곁들여 먹으라고 추천했으며, 소비자는 치즈, 햄, 카레 가루 등을 각자의 입맛에 맞게 곁들여 조리하며 자신만의 응용 레시피를 개발해왔다.

그런데 21세기에 들어서면서 여기에 새로운 유행이 추가되었다. 한 가지 라면을 나름대로 응용하는 데서 나아가, 서로 다른 종류의 라면들을 조합해 새로운 라면을 창조하는 경지에 이른 것이다. '짜파구리', '불공춘', '불짜로니'가 대표적이다. 이름에서 알 수 있듯이, 짜파게티와 너구리, 불닭볶음면과 공화춘짜장, 불닭볶음면과 짜짜로니를 함께 끓인 응용 레시피다.

군인들만의 라면 레시피로 '뽀글이'가 있다. 용기면이 군대에까지 보급되지 않았던 시절, 라면을 자유롭게 끓여 먹을 수 없는 군인들이 봉지라면에 더운물을 부어 면을 '불려' 먹었던 라면을 가리키는 용어다. 봉지에 그대로 물을 붓는 것이라 물의 양이 충분치 않았고, 면은 출시된 형태 그대로 꼬불꼬불하게 불었다. 거기에 스프를 넣으면 끓이는 것이 아니라 '비비는' 형태의 라면이 된다. 제대로 조리한 라면보다 짜고 매웠을 이 라면이 '화끈한' 한국 사람들의 입맛을 자극했고, 여기에 짜장 소스가 얹어지면 고소함이 배가되었다. 짜파구리와 불짜로니 같은 매운 볶음면과 짜장 라면의 결합에는 이유가 있었던 것이다.*

2010년대 소비 트렌드의 하나는 '모디슈머'다. 모디슈머는 'Modify(변경하다)'와 'Consumer(소비자)'의 합성어로, 기성 제품을 구입해 사용하더라도 제조사가 제안한 방법에서 벗어나 자신의 기호에 맞게 여러 제품을 조합하거나 자신만의 새로운 활용

---

* 조리법은 다음과 같다. 첫 번째는 면을 다 익힌 다음 물을 따라내고, 그릇에 매운 라면의 스프와 짜장 라면의 스프를 넣고 버무리는 것이다. 두 번째는 면을 익힌 다음 물을 살짝 남기고 두 가지 스프를 넣어 볶은 방식인데, 30초 정도만 조리해야 최상의 맛을 즐길 수 있다고 한다. 물론 두 번째 방법이 난이도가 더 높지만 맛은 더 좋다. 그래서 손재주가 없는 이들은 아예 용기면을 사서 스프를 반씩 섞어 먹기도 한다. 서로 다른 종류의 라면을 조합하는 것이지만 고려해야 하는 요소가 있는데, 바로 스프의 형태다. 불닭볶음면과 짜짜로니는 모두 액상스프, 너구리와 짜파게티는 둘 다 분말스프라 궁합이 잘 맞는다.

법을 만들어내는 새로운 소비 계층을 의미한다. 예를 들어, 스카프를 스카프로만 두르지 않고 스커트나 헤어밴드로 활용한다거나 의자나 책상 등 가구를 정해진 용도로만 사용하지 않고 이렇게 저렇게 조합해 자신의 공간에 딱 맞게 사용하는 것 등을 가리킨다. 이렇게 자신만의 활용법을 개발하여 인터넷 등을 통해 공개하면, 그 아이디어가 확산되는 데 그치지 않고 아예 제조사에서 그렇게 응용된 제품을 상품으로 개발해 출시한다. 이런 순환이 가장 활성화된 분야가 다름 아닌 라면인 것이다.

한 가지 라면에 자신만의 식재료나 조리법을 추가해 먹는 것, 또 두 가지 이상의 라면을 조합해 새로운 라면으로 먹는 것, 이 각각의 활용법을 제품화한 대표적인 라면이 삼양식품의 까르보불닭볶음면과 농심의 짜파구리다. 매운맛을 극대화한 기존 불닭볶음면에 크림 소스를 넣어 매운 정도는 가라앉히면서 고소함을 더한 레시피가 젊은이들 사이에 유행했다. 이에 착안한 삼양식품은 처음에는 한정 판매 형태로 2017년 12월 까르보불닭볶음면을 출시했고, 이 제품이 폭발적인 반응을 얻자 2018년 5월부터 정식 제품으로 판매하고 있다. 삼양식품은 핵심 제품인 불닭볶음면을 중심으로, 치즈불닭볶음면, 짜장불닭볶음면, 미트스파게티불닭볶음면 등의 모디슈머 제품을 다수 개발했는데, 이들 제품을 까르보불닭볶음면이 선도하고 있는 셈이다.

다양하게 변주된
불닭볶음면들.

이에 비해, 대표적인 모디슈머 레시피인 짜파구리는 다른 길을 걸었다. 농심의 짜파게티와 너구리는 이미 1980년대에 출시된 라면으로, 짜파구리는 1990년대부터 알음알음 시도된 응용 레시피다. 그것이 SNS가 활성화된 2010년대에 본격적으로 알려지면서 미디어에까지 소개되었고, 폭넓은 주목을 받았다. 그러나 농심은 이를 제품화하지 않았는데, 이미 짜파게티와 너구리모두 순조롭게 판매되는 상황에서 굳이 시장을 나눌 필요가 없었기 때문으로 보인다. 그러나 2019년 개봉한 영화 〈기생충〉에짜파구리가 등장한 것을 계기로, 농심은 2020년 4월 용기면으로 짜파구리를 내놓았다.

영화 속 라면

"라면 먹고 갈래요?"

줄거리는 몰라도 이 대사만큼은 모르는 사람이 없는 영화가 이영애, 유지태 주연의 〈봄날은 간다〉(2001, 허진호 연출)이다. 라면은 언제나 최상의 야식이었지만, 이 대사 이후 라면을 같이 먹자는 말은 집으로 초대하는 말이자 연인이 되자는 제안으로 회자되면서 수많은 패러디를 낳았다.

이 영화의 저 대사가 그토록 회자된 이유는, 일종의 전복이 일어났기 때문이다. 영화나 드라마에서 연인들은 낭만적인 레스토랑에서 스테이크를 먹었다. 그러나 21세기에 접어들면서 개봉한 이 영화는 연애의 달콤함만이 아니라 씁쓸한 뒷맛까지 보여주었는데, 그런 일상의 연애를 묘사하는 데 라면이라는 일상의 음식이 매우 잘 어울렸던 것이다.

〈봄날은 간다〉에서 라면이 막 시작하는 연인들의 음식이었다면, 송강호 주연의 영화 〈우아한 세계〉(2007, 한재림 연출)에서 라면은 소외감의 상징으로 등장한다. 조직폭력배라는 '직업'을 가진 주인공은, 직장에서는 경쟁자에게 치이고 가정에서는 변변찮은 직업으로 인한 무시와 가장으로서의 책임감에 치인다. 가족을 모두 외국으로 보낸 후 기러기 아빠가 된 주인공은 라면을 먹는다. 함께 먹어야 할 가족을 저 영상 너머로만 만날 수 있을 때, 제아무리 라면이라도 세상에서 가장 맛없는 음식이 된다.

이외에도 많은 영화에 라면이 등장했다. 〈김씨표류기〉(2009, 이해준 연출)에서, 한강을 표류하다 밤섬에서 홀로 살아가야 했던 정재영은 곡물을 직접 재배해 면을 빚고 한강물에 흘러 들어온 짜장 라면 소스로 짜장면을 만들어 먹었다. 〈황해〉(2010, 나홍진 연출)에서 하정우는 편의점에서 용기면과 핫바를 허겁지겁 먹는 장면으로 먹방의 대명사가 되었고, 〈내부자들〉(2015, 우민호 연출)에서는 조폭 이병헌이 한 팔을 잃은 상태로 라면을 끓여 먹었다. 이 영화들에서 라면은 모두 주인공의 고난과 살고자 하는 본능을 표현하는 도구로 사용되었다. 우리 역사 속에서 라면이 차지했던 위상과 비슷했다.

그러나 2019년에 상황이 바뀌었다. 칸느국제영화제 황금종려상과 아카데미영화제 작품상을 휩쓴 영화 〈기생충〉(2019, 봉준호 연출)에 등장한 '채끝등심 짜파구리'는 대저택에 사는 부자가 자녀에게 해주는 간식이었다. 이 영화의 장면처럼, 더 이상 라면이 굶주림과 쌍을 이루는 단어가 아니게 된 것이다.

7장
라면 시장의 새로운 경향

가난한 시대에 태어나 국민의 굶주림 해소를 위한 음식으로 자리매김했던 라면은, 한국 사회가 경제적으로 문화적으로 도약함에 따라 새로운 도전에 직면했다. 더 이상 가난을 위한 음식은 필요하지 않았고, 소비자들이 더 풍성한 음식, 더 다양한 음식, 더 편리한 음식을 골라 먹을 수 있는 사회경제적 조건이 형성됐다. 이런 도전에 대응하면서 라면 또한 새로운 성격을 가지게 되었고, 라면 시장은 다시 한 번 요동쳤다.

라면, 도전과 응전

싸고 간편하게 한 끼를 해결하는 '대용식'이라는 성격은 여전했지만, 라면은 1990년대부터 다양한 방식으로 즐길 수 있는 '기호식'과 '간식'으로 서서히 변모했다. 이때까지 라면은 가정에서 엄마가 차려주는 밥상, 식당에서 사 먹는 외식 외에는 거의 유일한 먹거리라는 자리를 차지하고 있었다. 그러나 21세기 들어 라면은 강력한 경쟁자의 도전에 직면했다. 가정간편식Home Meal Replacement, 약자로 HMR라고 불리는 식품 분야다.

식품공전*에서 가정간편식으로 분류할 수 있는 항목은 '즉석

---

* 식품의약품안전처는 '식품위생법'에 따라 국민보건상 필요하다고 인정하는 때에는 판매를 목적으로 하는 식품 및 식품첨가물의 제조·가공·사용·조리·보존의 5가지 방법에 관한 기준과 그 식품 및 식품첨가물의 성분·기구·용기·포장의 제조 방법에 관한 규정 등을 정하여 고시하는데, 식품공전 및 식품첨가물공전은 이를 정리해놓은 기준서다.

식품류' 중에서 '즉석섭취·편의식품류'다. 여기에 해당하는 제품
은 세 종류인데, 완전 조리된 상태로 판매하는 즉석섭취식품(도
시락, 김밥, 샌드위치, 햄버거, 선식 등), 구입하여 가열 등의 간단한
조리를 통해 바로 먹을 수 있는 즉석조리식품(가공 밥, 국, 탕, 스
프, 순대 등), 농임산물을 단순히 손질해 그대로 먹을 수 있게 포
장된 신선편의식품류(샐러드, 새싹채소 등)다.

가정간편식 시장은 2010년부터 지속적으로 성장하고 있다.
여기에는 몇 가지 사회적 배경이 있다.

첫째, 1인 가구 및 맞벌이 가구의 증가다. 통계청 발표에 의
하면, 2019년 1인 가구의 비율은 전체 가구 중 30.2퍼센트
로, 2010년 1인 가구 비율 23.9퍼센트보다 6.3퍼센트 증가했
고, 2018년 맞벌이 가구의 비율은 배우자와 함께 사는 가구 중
46.3퍼센트에 이르러 그 전해에 비해 4.0퍼센트 증가했다. 장을
봐서 가정에서 조리를 해서 먹을 시간 여유가 없을뿐더러 그렇
게 집밥을 먹는 것이 경제적으로도 별로 이득이 되지 않는 가구
가 점점 늘어나고 있는 것이다.

둘째, 외식 비용 상승이다. 인건비, 임대료 등의 인상으로 식당
에서 사 먹을 수 있는 외식의 가격은 점점 상승하고 있다. 한때
10~20대 사이에서 '혜자롭다' '혜자스럽다'는 말이 유행했는데,
어느새 '혜자 계약'처럼 자연스럽게 쓰이게 된 이 신조어의 어원

이 바로 편의점 도시락이다. 편의점 체인 GS25에서 배우 김혜자를 브랜드로 내세워 판매한 PB 도시락이 '김혜자 도시락'이었는데, 고기반찬이 듬뿍 담긴 데다 가격도 저렴했던 이 도시락이 주머니 사정은 빈약하지만 식욕은 왕성한 청소년들에게 '은혜로운' 존재가 되어주었음을 재미있게 표현한 것이었다. 이는 편의점 도시락을 비롯한 가정간편식 제품이 식당에서 사 먹는 외식에 비하면 가격 경쟁력은 크면서 양이나 질에서도 밀리지 않을 수준이 되었음을 보여준다.

여기에 더해, 포화 상태에 이를 만큼 곳곳에 들어선 편의점, 대형 쇼핑몰(과 인터넷 쇼핑몰)의 새벽배송 같은 유통 시스템의 변화도 가정간편식 시장 확장을 도왔다. 농림축산식품부와 한국농수산식품유통공사가 발간한《2019 가공식품 세분 시장 현황 보고서》에 따르면, 즉석섭취 및 편의식품류의 국내 시장 규모는 2010년 7,700억 원 정도에 머물다가 2013년 1조 6,000억 원, 2017년 2조 7,400억 원으로 4년 사이 70퍼센트가량 증가했다. 여기에 즉석섭취 및 편의식품류 외 품목인 만두, 카레, 파스타 등의 상품까지 포함하면 증가폭은 82퍼센트로 더욱 커진다. 2017년에 매출 2조 원대를 넘어선 가정간편식 시장은 2019년에는 4조 원 규모를 넘어섰고, 특히 2020년 전 세계를 패닉에 빠뜨린 코로나19의 확산은 그동안 시장을 성큼성큼 넓히던 가정간편식의 성장을 불가역적인 것으로 만들었다. 2019년 2조 원대를 유지하고 있는 라면 시장과 비교했을 때 엄청난 성장세다. 이 추세대로라면 2022년에는 가정간편식 시장 규모가 5조 원에 이를 것으로 전문가들은 전망한다.

라면 입장에서 보면 가정간편식 시장 확장은 커다란 위기다. 라면은 간편식과 대체재 관계에 있다. 예전이라면 라면을 먹었을 상황에서 라면만큼, 어쩌면 라면보다 더 간편하게 먹을 수 있는 음식이기 때문이다. 따라서 가정간편식의 시장 확대는 라면 시장 축소로 이어질 수 있다. 이런 상황에서 라면 업계가 선택한 방법은 이 위기를 기회 삼아 가정간편식 시장과 함께 성장할 활로를 모색하는 것이었다. 가장 대표적인 시도는 '집밥 콘셉트의 라면'이라고 할 수 있는데, 고추장찌개, 북엇국, 미역국 등 반찬으로 먹을 수 있는 국, 찌개를 라면과 융합한 제품이다.

사실, 이미 1969년 삼양식품의 '칼국수'를 시작으로 짜장면, 비빔국수, 짬뽕, 우동, 냉면, 울면 등 대중이 즐기는 많은 음식이 라면 제품으로 출시되곤 했다. 하지만 어디까지나 그것은 국수의 라면화로 한정되었다. 이와 달리, 2010년대에는 우리가 흔히 먹는 식사 메뉴가 라면화되었다는 데 그 의미가 있다.

맛 칼럼리스트 황교익과 정은숙이 함께 쓴 책《서울을 먹다》(따비, 2013)는 서울의 서민들이 즐기는 외식 17개를 다루었는데, 이 중 라면화된 음식이 무려 6개다. 삼양식품의 한국곰탕면 (2017년), 삼계탕면(2019년), 백순대볶음면(2020년)과 팔도의 놀부부대찌개라면(2011년), 농심의 부대찌개라면(2016년), 감자탕면 (2017년) 등인데, 17개 외식 음식 중 족발과 곱창볶음, 골뱅이무침, 돼지갈비, 빈대떡 정도를 제외하면 거의 모두 '라면화'된 것이다. 서울 시민들이 즐겼던 외식 중 대다수가 국·탕류였기 때문에 가능한 일이었는데, 저 17개 음식에 포함된 냉면, 칼국수와 떡볶이는 진작에 라면화된 바 있다.

대표적 집밥 메뉴 중 하나인 미역국을 라면화한 오뚜기의 쇠고기미역국라면(2018년)은 출시 2개월 만에 1,000만 개가 팔려 나갔다. 오뚜기는 여기서 그치지 않고, 북엇국라면(2019년)을 출시했다. 삼양식품에서는 진짜 바지락이 들어 있는 바지락술찜면 (2019년)을 선보이기도 했다.

라면은 얼마나 비쌀 수 있을까

2011년 4월, 농심에서 출시한 신상품 라면 하나가 논란의 중심에 섰다. 영양을 보충할 수 있는 프리미엄 라면을 자처한 '신라면 블랙'이었다. 신라면 출시 25주년을 맞아 한 단계 업그레이드

된 버전으로, 우골 분말 스프가 추가되었음을 내세우며 "설렁탕 한 그릇의 영양이 그대로 들어가 있다"라고 광고를 했다.

농심에서 야심만만하게 내놓은 이 라면은, 그러나 그 영양 성분이나 맛이 아니라 가격 때문에 화제를 모았다. 당시 기존 신라면 가격의 2배가 넘는 1,600원을 책정했기 때문인데, 이에 대해 한 언론은 "요즘 일부 업체의 라면이나 아이스크림의 경우 이름과 내용물을 조금 바꾸면서 값을 대폭 올렸다"면서 "다분히 편법 인상이 아닐까 의심"하게 된다고 포문을 열었다.*

제2의 쌀이었던 라면은 처음 탄생했을 때부터 정부의 가격 통제 대상이었다. 신라면 블랙이 출시되던 2011년에도 이런 상황은 바뀌지 않았다. 소위 'MB 물가지수'**로 묶여 정부가 집중 관리하는 52개 품목 중에 라면도 포함돼 있었던 것이다. 언론은 이미 출시돼 있는 라면 가격을 올릴 수 없기에 "값비싼 프리미엄 브랜드를 이용해 가격을 올린 것 아니냐"***고 의심했다. "한 봉지에 1,000원이 넘는 '신라면 블랙'이 시장에서 통할 경우 가격

---

* MBC 뉴스데스크, 2011년 4월 13일.
** 이명박 정부는 2008년 밀가루·라면·배추·달걀·과자 등 서민 생활과 밀접한 52개 주요 생필품을 물가 관리 대상으로 선정했는데, 이 품목들의 평균 물가상승률을 말한다. 공식 용어는 아니다.
*** 《경향신문》, 2011년 4월 13일.

이 비슷한 고가 라면이 잇따라 나와 라면 값을 전체적 높일 가능성이 크다"*는 우려도 있었다. 물론 농심 측에서는 이런 의심을 반박했지만, 2011년 9월부터 신라면 블랙의 생산을 중지하고 사업에서 철수하기로 결정했다.

여기에 결정적인 영향을 끼친 것은 공정거래위원회의 제재인데, 공정위 인증으로 기존 신라면과 성분 차이가 별로 없음이 밝혀지면서 매출이 반 토막 난 데다 "설렁탕 한 그릇의 영양이 그대로 들어가 있다"는 광고 문구가 제품의 허위, 과대 광고에 해당한다는 이유로 공정거래위원회에 의해 2011년 6월 27일에 과징금 1억 5,500만 원을 물게 된 탓이다. 국내 시장에서는 철수했지만 농심은 해외로 눈을 돌려 돌파구를 찾았다. 미국과 중국의 현지 공장에서 신라면 블랙의 생산 체계를 구축했고, 2013년 스위스 융프라우 정상 매점에서도 판매될 정도로 해외 유통망을 넓혔다. 해외에서의 입소문을 기반으로, 농심은 2012년 10월 신라면 블랙의 국내 판매를 재개했으며 지금은 프리미엄 라면으로 자리를 잡았다.** 한편, 2011년에 출시된 나가사끼짬뽕과 꼬꼬면도 1,000원이라는 고가를 매긴 라면이었지만, 신라면 블랙과 달

* 《경향신문》, 2011년 4월 13일.
** 《동아일보》, 2020년 9월 25일.

리 '새로운 라면'으로
인식되어서인지 가
격에 대한 논란은
일지 않았다.

이때까지만 해도 라면
은 비싸면 '안 되는' 먹을거리
였다. 신라면 블랙이 일으킨 핵심
적인 논란도 프리미엄에 걸맞은 영양 성분의
유무가 아니라 '라면 따위가 왜 그렇게 비싼가'였다. 그러나 시간
은 금세 흘렀다. 2015년 오뚜기의 진짬뽕을 필두로, 일반 라면
가격의 2배에 육박하는 라면들이 출시됐다. 팔도의 불짬뽕, 농심
의 짜왕, 삼양의 갓짜장과 갓짬뽕 등이다. 포문을 연 진짬뽕의
선전은 눈부셨는데, 홈플러스의 발표에 따르면 진짬뽕은 부동의
1위인 신라면을 제치고 잠시나마 판매량 1위에 등극했고,
2014년 16.3퍼센트에 불과했던 오뚜기의 라면 시장 점유율은
2016년에는 22퍼센트로 올라섰다.*

그러나 이 라면들의 선전을 '프리미엄 라면' 시대의 개막으로

---

* https://m.post.naver.com/viewer/postView.nhn?volumeNo=9988331&memb
erNo=25828090&vType=VERTICAL.

보기는 어려울 것 같다. 팔도의 불짬뽕이 한창 주가를 올리던 중식 요리사 이연복을 모델로 내세운 것에서 알 수 있듯이, '프리미엄 라면 시장'이 아니라 '라면화한 짜장과 짬뽕 시장'이 열린 것으로 봐야 한다. 라면 시장에는 전통의 강자 짜파게티와 짜짜로니가 있다. 농심의 오징어짬뽕도 있다. 그러나 2015~16년 한국은 쿡방에 푹 빠져 있었고, 그 중심에 화려한 칼솜씨를 뽐내며 불 위에서 자유자재로 웍을 다루는 중식 요리사가 있었다. 이연복이 대표적이다. 그런 이미지를 등에 업고, 그러나 중국 음식 중에서 가장 저렴한 짜장면과 짬뽕이 선택된 것이다. 경쟁자는 같은 짜장 라면 혹은 짬뽕 라면이 아니라 중국집에서 배달시켜 먹는 짜장면과 짬뽕이었다.

이연복을 모델로 내세운 팔도 불짬뽕 역시 진짬뽕과의 경쟁에서 선전하면서 유명인 모델 전략이 라면 업계에 유행했다. 텔레비전 쿡방 등에서 인기를 끈 요리사나 허영만의 만화 《식객》에 등장해 유명세를 탄 음식점의 이름을 딴 라면이 속속 등장했다. 대부분 라면 업계 후발주자인 팔도가 활용한 전략이었다. 또한 편의점 PB 제품으로 출시된 용기면에서 주로 활용된 전략이기도 한데, GS25의 '식객 오모리김치찌개 라면', 세븐일레븐의 '교동반점 짬뽕', '강릉 초당순두부 라면' 등을 꼽을 수 있다. 한편, 불짬뽕은 현재는 제품명을 왕짬뽕으로 바꾸고 더 이상 이연복

요리사를 모델로 쓰지 않고 있다.

이제 라면 가격을 놓고 왈가왈부하는 사람은 더 이상 없다. 편의점 PB 제품의 경우 4,800원에 판매하는 라면(대만 수입품인 '만한대찬 우육면', GS25)까지 등장했다. 대신 각 라면 회사의 비슷한 제품들을 놓고 맛을 비교하고 평가하는 소비자들을 사로잡아야 하는 혹독한 경쟁이 남았다.

편의점에서 용기면을

21세기 소비 트렌드를 이끄는 계층이 있다. 소위 밀레니얼 세대라 일컬어지는 1980년대 초반에서 2000년대 초반 출생자들이다. 새천년을 맞아 경제활동의 중심에 서게 된 이 세대는, 개인주의를 바탕으로 개성과 취향을 중시하며 정보기술IT에 능통하다. 한편, 이 세대는 저성장 시대에 사회에 진출해 고용 감소, 일자리 질 저하 등의 어려움을 겪고 있기도 하다.

이들이 모디슈머가 되어 다양한 라면을 먹으며 맛을 비교·평가하고 자신만의 변형 라면 레시피를 개발·공유했는데, 그 중심에는 편의점이 있다. 21세기 들어 급증한 1인 가구의 중심이 밀레니얼 세대인데, 이들의 시장은 바로 편의점이다.

편의점 라면 매대의 중심은
용기면이다.

2019년의 라면 매출액 2조 830억 원 중 편의점 매출액이 5,553억 원으로 전체 시장 점유율의 27퍼센트를 차지하며 1위로 등극했고, 할인점(대형 마트) 매출액이 5,181억 원, 독립슈퍼 매출액이 3,868억 원으로 그 뒤를 따랐다.* 2012년만 해도 전체 매출액에서 편의점이 차지하는 비중이 17퍼센트로 4위에 그쳤던 것에 비하면 7년간 큰 변화가 있었던 셈이다. 2017년 4분기에 처음으로 편의점 라면 매출이 할인점을 앞질렀고, 이후 꾸준히 편의점 매출이 상승세를 이어가고 있다. 이 통계는 더 이상 라면이 가족 단위로 구입하는 먹을거리가 아니라 개인이 혼자 소비하는 먹을거리가 되었음을 의미한다. 이를 증명하듯 늘어난 것이 용기면의 판매량인데, 편의점에서는 전체 라면 판매액 중 용기면이 차지하는 비중이 80퍼센트에 이른다.

사실, 모든 라면 분류별 매출에서 봉지면의 소비는 매년 줄어들고 있는 데 반해 용기면 소비는 빠르게 증가하고 있는 추세이기는 하다. 전체 시장에서 봉지면의 매출 비중이 높긴 해도, 용기면이 차지하는 비중은 꾸준히 늘어나 2019년에는 38.2퍼센트

* 2019년 라면 세분 시장 점유율은 편의점 27%, 체인슈퍼 18%, 할인점 25%, 일반 식품점 11%, 독립슈퍼 19%다. 이에 비해 2015년 점유율은 편의점 20%, 체인슈퍼 18%, 할인점 25%, 일반 식품점 11%, 독립슈퍼 20%였다.

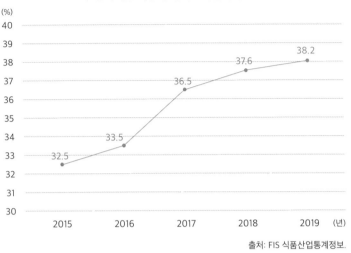

출처: FIS 식품산업통계정보.

로 성장했다.*

　이런 추세는 코로나19로 인해 2020년에 잠시 주춤했다. 통합 정보 분석 기업 닐슨코리아가 2020년 8월 20일에 발표한 자료에 의하면, 2020년 상반기 국내 라면 시장은 2019년 같은 기간에 비해 7.2퍼센트 증가한 약 1조 1,300억 원의 매출액을 기록했다. 눈에 띄는 것은 봉지면과 용기면의 판매 비율이다. 2018년

* 이상의 통계 출처는 'FIS 식품산업통계정보'(www.atfis.or.kr/sales/M002020000/search.do).

슬픈 라면

아무 때나 아무 데서나 먹을 수 있다는 편리함 때문에, 용기
면은 종종 분노와 슬픔을 불러일으키는 이름이 된다.

2014년 4월 16일, 전남 진도군 실내체육관에서 한 사람이
용기면을 먹은 것이 큰 논란을 일으키면서 언론의 십자포화
를 맞았다. 그는 당시 교육부 장관. 그곳은 언론의 생중계 속
에서 침몰한 세월호 승선자 가족들이 마지막 희망을 끌어안
고 실종자의 구출 소식을 기다리던 곳이었다.

피해자의 대부분이 안산 단원고 학생들이었던 만큼, 주무부
처라 할 수 있는 교육부 수장이 그곳에서 상황을 파악하고 피
해자 가족을 위로하는 것은 당연하고, 그러다 식사 때를 놓쳐
컵라면을 먹을 수도 있는 일. 왜 이 일이 그다지 비난의 대상
이 되었을까?

그것은 아마 그가 컵라면을 먹고 있는 사진 너머 보이는, 체
육관 바닥에 주저앉은 채 아이들의 생환을, 그것이 안 된다면
유해라도 수습하기를 바라며 망연자실한 표정을 짓고 있는 피
해자 가족과의 대비 때문일 것이다. 절망과 슬픔 때문에 허기

조차 느끼지 못하는 사람들 앞에서 무언가를 입에 넣을 수 있는 그 무신경 말이다.

2016년 5월에는 한 청년의 가방 속에 들어 있던 용기면이 또 한 번 사람들을 울렸다. 그는 서울지하철 2호선 구의역 승강장에서 스크린도어를 점검하다 달리던 열차에 치어 숨진 김 군. 당시 만 19세로, 막 사회생활을 시작한 젊은이였다.

2인 1조로 안전점검을 해야 한다는 안전수칙이 있었으나 지켜지지 않았다. 그가 속한 회사는 서울메트로의 외주용역업체로, 그 회사는 지하철 97개 역의 스크린도어 보수를 담당해왔지만, 직원은 고작 10명뿐이었고 김군은 그 외주 회사에서도 계약직이었다. 그의 가방에 들어 있던 용기면과 나무젓가락은 밥 먹을 시간조차 없을 만큼 바빠 일했으나 누구도 보호해주지 않았던 그의 처지를 상징하게 되었다.

이 용기면과 나무젓가락은 2016년 8월 26일 구의역에서 열린 김군 위령표 제막식에서 위령표 앞의 책상 위에 '구의역 사망재해 시민대책위 진상조사단'이 발표한 진상조사 결과 자료집과 사고 당시 구의역 추모현장 모습을 엮어 만든 사진집과 함께 올려졌다.

해외의 이야기도 있다. 1996년 12월, 스톡홀름 신드롬과 반대로 인질범이 인질에게 동화된다는 '리마 신드롬'이라는 신조어가 만들어진 사건이 페루 리마에서 일어났다. '투팍 이마루 혁명 운동MRTA'라는 반군조직이 투옥된 자신들의 지도자 및 동료들의 석방을 요구하며 일본대사관을 점거한 것이다. 그들이 하필 일본대사관저를 점거한 이유가, 그날(12월 17일)이 일왕의 생일이라 주요 인사들이 모여 있었기 때문인지, 그들이 거부하는 정부의 수장이 일본계 후지모리 대통령이어서인지는 알 수 없지만, 이 점거는 무려 127일간 계속되었고, 이때 적십자를 통해 인질들에게 전해진 구호품 중에 인스턴트 라면도 있었다.

반군조직 중에는 10대 소녀도 있었는데, 인질이 건네준 라면을 아주 맛있게 먹었다고 한다. 아마 그 소녀는 인스턴트 라면을 처음 먹어볼 정도로 가난하게 살았고, 그런 환경이 반군조직으로 이끌었을 것이다. 가족에게 주겠다며 라면을 가방에 숨기다 동료에게 들켜 혼이 났던 그 소녀가 두 번 다시 라면을 먹을 기회는 없었다. 진압 작전을 펼친 페루 특수부대에 의해 인질범들이 전원 사살되었기 때문이다.

상반기 봉지면 대 용기면의 판매 비율은 62.8:37.2, 2019년 상반기에는 62.5:37.5로, 근소한 차이지만 여전히 용기면의 비중이 늘어나는 추세였다. 그러나 2020년 상반기에는 그 비율이 65.7:34.3으로 꺾였다. 방역을 위한 재택근무, 개학 연기로 인해 가족들이 '다시 집으로' 모인 결과다.

이와 같은 역전이 잠시 있음에도, 용기면의 소비 증가는 계속 이어질 것으로 보인다. 그 배경은 역시 1인 가구의 증가와 가정 외 공간에서의 식사가 늘어난 점을 들 수 있을 것이다. 아무래도 봉지면은 4개들이 혹은 5개들이 등 여러 개를 묶어서 판매할 뿐 아니라 하나의 냄비에 여러 개를 끓이는 것이 가능하다. 그러나 혼자 살며 혼자 먹는 1인 가구는 굳이 여러 개가 든 봉지면을 구입할 필요가 없다. 설거지를 할 필요가 없다는 점도 이들에게는 매력적이다. 또한 용기면은 태생부터 집 밖에서의 소비를 염두에 두고 만들어진 것이다. 등산, 낚시 같은 레저 활동에서 간편하게 먹을 수 있을 뿐 아니라 가만히 사무실에 앉지 못하고 여기 저기 돌아다녀야 하는 고된 노동 사이에, 학교와 학원 혹은 학교와 일터를 오가느라 바쁜 학생들이 아무 데서나 잠깐 때울 수 있는 끼니가 된다.

편의점은 용기면을 주로 구입하는 공간일 뿐 아니라 용기면을 먹는 주된 공간 중 하나다. 편의점에는 끓는 물과 꼬마 김치, 라면

양이 부족할 때 같이 먹을 수 있는 삼각김밥이 있다. 어차피 혼자 먹는데다 설거지도 귀찮아 용기면을 먹는다면, 편의점이 집보다 못 할 이유가 없는 것이다.

편의점은 작은 백화점이라 해도 될 정도로 점점 다양한 제품 구색을 갖추어간다. 바나나, 콩나물, 샐러드 같은 신선식품뿐 아니라 의약품도 살 수 있다. 그러나 라면 입장에서 볼 때 편의점은 거대한 자동판매기다. 라면을 판매하기 위해 끓는 물과 테이블을 제공하고 쓰레기 처리까지 해주는 자판기!

음료수 자판기에서 한 종류의 음료만 판매하지 않듯이, 편의점에서 판매하는 라면의 종류는 점점 다양해지고 있다. 기존 라면 제조사의 핵심 라면뿐 아니라 라면 제조사와 편의점이 제휴해 출시하는 편의점 PB 제품도 다양하게 구색을 갖춰 판매하고 있다. 그런데 편의점에서 호조를 보이는 용기면, 특히 2010년대 이후 출시되는 용기면의 대다수는 전통의 국물 라면이 아니라 볶음면이다.

앞서 모디슈머들이 개발한 레시피가 제품화되는 경향을 소개했는데, 재밌는 사실이 하나 있다. 그들이 내놓은 대부분의 레시피가 볶음면 종류였다는 것이다. 대한민국의 인스턴트 라면이 무엇이냐 묻는다면, 얼큰한 '국물 라면'을 떠올렸다. 하지만 2000년대 들어 인스턴트 라면의 분류가 다양해지고, 비빔면과

볶음면 그리고 해외의 다양한 음식과 접목한 퓨전 라면이 등장하면서 라면의 영토는 점점 확장되고 있다.

국물 없는 라면의 유행은 볶음면이 주도했다고 볼 수 있다.* 국물 없는 라면의 매출이 눈에 띄게 상승한 것은 2012년부터. 비빔면, 볶음면, 짜장 라면 등 국물 없는 라면의 매출액은 2014년 상반기에 2,005억 원을 돌파했는데, 전년 대비 18.7퍼센트 신장한 것이었다. 한편 라면 시장 안에서의 점유율은 2012년 상반기에는 14.7퍼센트에 불과했으나 2014년 상반기에는 22.4퍼센트로 크게 성장했다. 국물 없는 라면 안에서의 점유율은 짜장 라면이 47.0퍼센트로 절반 가까이를 차지했고, 볶음면 33.8퍼센트, 비빔면 19.2퍼센트 순이다. 얼핏 보면 국물 없는 라면 시장은 짜장 라면이 지배하는 것 같지만, 짜장 라면의 매출액은 그 전해에 비해 오히려 9.8퍼센트 감소했고 비빔면은 0.5퍼센트 성장하는 데 그쳤다.**

그에 비하면 볶음면의 매출액은 158.1퍼센트나 신장했다. 삼양식품의 붉닭볶음면이 출시된 것이 2012년이고 팔도의 불낙볶음면, 오뚜기의 열떡볶이면 등 후속 제품들도 이어서 출시된 것

---

* 《이데일리》, 2014년 8월 13일.
** 《헤럴드경제》, 2014년 8월 14일.

으로 미루어볼 때, 국물 없는 시장의 성장은 볶음면, 정확하게는 불닭볶음면의 등장이 결정적인 계기라고 봐도 무리는 없을 것이다.

이런 추세는 이후에도 이어졌다. FIS 식품산업통계정보에서 제공한 2019년 품목별 POS 소매점 매출액 자료에 따르면, 라면의 총매출액 1조 5,714억 원 중 국물 라면은 1조 2,637억 원으로 80퍼센트를 차지했다. 7년 전만 해도 전체 누적 매출액의 86퍼센트가 국물 라면이었던 것에 비해 6퍼센트 감소한 수치다. 국물 라면의 상대적인 퇴조와 용기면의 약진 그리고 볶음면이 새로운 시장의 성장을 이끌어온 셈인데, 볶음면의 대표주자라 할 불닭볶음면의 대히트에는 놀이, 인터넷이라는 요소가 개입되어 있다.

8장

세계인과 함께 즐기다

인스턴트 라면의 원조는 일본이다. 당연히 지금까지도 수많은 종류의 인스턴트 라면을 생산하며, 먹고 있다. 중국과 대만, 동남아시아에서도 쌀국수와 우육면 등 자신들이 즐기는 각종 면 요리를 인스턴트 라면으로 만들어 즐기고 있다.

또한 이들 국가는 서로의 라면을 수출하고 수입하는 관계이기도 하다. 애초에 라면의 수출은 전 세계에 퍼져 있는 자국민들을 대상으로 이루어졌던 것이다. 그런데 이제 세계 라면 시장의 판도가 바뀌었다. 한국의 라면은 한국인만을 위한 것이 아니다. 전 세계인이 한국의 라면을 먹고, 즐기고 있다.

Fire Noodles Challenge

런던의 곳곳을 배경으로, 백인 남녀들이 용기면의 새빨간 면을 씩씩거리며 먹고 있다. 처음에는 먹을 만한지 맛있다고 엄지손가락도 들어 올렸지만 점차 얼굴이 붉어지고, 그중 한 남자는 옆에 놓여 있던 방화수를 들고 카메라에 들이댄다. 빨간색으로 칠해진 철제 방화수 통에 쓰인 'FIRE'라는 글자가 그의 식도와 위장의 상태를 반영한다는 듯이.

이것은 2014년 2월, '영국남자'라는 유튜브 채널에 올라온 동영상의 장면들이다. 한국 문화의 소개를 목표로 두 영국인이 운영하는 이 채널에 올라온 동영상은 순식간에 전 세계인의 시선을 사로잡았고, 지금까지 1,000만 뷰 이상의 조회를 기록했다. 이들이 시도했던 한국산 매운 라면을 '먹어내는' 도전은 하나의 문화현상이 되었는데, 2020년 6월 기준으로 'Fire Noodle'로 유튜브를 검색하면 120만 개가 넘는 동영상이 올라와 있는 것을 확인할 수 있다. '생고추를 고추장에 찍어 먹어야 직성이 풀리는' 한국인이 사랑하는 매운맛. 그 매운맛을 극대화한 불닭볶음면 (2012년 4월 출시)이 일으킨 현상이었다.

2000년대 초반, 한국에는 '불닭' 열풍이 불었다. 닭고기를 직화에 굽는다고 불닭, 입에서 불을 뿜을 만큼 맵다고 불닭이었다. 전통적으로 양념불고기, 낙지볶음, 쫄면 등 매콤한 음식은 늘 각광을 받았지만, 그저 고추장 양념으로 버무린 게 아니라 캡사이신 추출물을 첨가해 매운맛을 극대화한 닭고기 숯불구이가 불닭이었다.

불닭볶음면은 이 불닭과 커다란 관련이 있다. 우선 이름부터 '불닭'을 딴 것이다. 게다가 개발 자체가 이런 매운 음식을 즐기는 젊은이들을 보고 기획한 것이었다. 2011년 삼양식품의 김정수 사장이 딸과 함께 분식집을 찾았다. "당시 분식집 앞에는 매운맛에 도전하기 위해 10~20대 여성들이 길게 줄서 있었다."* 김 사장은 그 줄에서 젊은이들이 열광하는 매운맛을 강조하는 라면, 그것도 국물이 없는 볶음면의 가능성을 봤다.

한국 음식의 매운맛 때문에 세계인, 특히 서구인에게 어필하지 못할 것이라는 인식이 강했다. 이명박 정부에서 강력하게 추

* https://www.hankyung.com/economy/article/202005152088i.

진한 '한식 세계화'에서 토마토 소스 떡볶이, 크림 소스 떡볶이 같은 음식을 세계화하겠다고 내놓은 것도 매운맛을 줄여 서구인에게 먹여보겠다는 시도였다.

그러나 결과적으로 세계인이 열광한 것은 매운맛을 극대화한 불닭볶음면이다. 물론, 이런 결과가 세계인이 매운맛을 좋아하게 되었기 때문이라고 볼 수만은 없을 것이다. '불닭 챌린지'라는 유희 요소가 큰 작용을 한 것은 부정할 수 없다. 하지만 매운맛이 한국 음식의 약점이 아니라 개성이라는 사실을 전 세계에, 무엇보다 한국인 자신에게 증명했다는 점은 분명하다.

2019년 7월 기준으로, 불닭볶음면 시리즈가 최초 출시된 지 7년 만에 불닭볶음면의 누적 매출액은 1조 원을 돌파했다. 당시까지 판매량은 수출과 내수를 포함해 총 18억 개로, 이후로도 꾸준히 판매가 증가하면서 2020년 5월 기준 봉지면과 용기면을 포함한 전체 누적 판매량이 23억 개를 돌파했는데 이 중 수출 물량이 15억 개다. 불닭볶음면의 수출*에 힘입어 2019년 삼양식품의 매출은 수출 부문이 총 2,727억 원으로 2,708억 원을 기록

* 삼양식품은 순수 국내 생산된 수출 제품만으로 식품 업계 최초로 2년 연속 수출의 탑을 수상했다. 2017년 '1억불 수출의 탑' 수상에 이어 2018년 '2억불 수출의 탑'을 수상했으며, 2019년에는 단일 브랜드로만 수출 실적이 1억 달러 이상인 소비재 업체에 수여되는 '브랜드 탑'을 최초 수상했다.

한 내수 부문을 최초로 앞질렀다. 2020년 상반기 매출에서도 수출 부문이 1,862억 원으로 1,442억 원인 내수 부문보다 컸다.

　2012년의 불닭볶음면에 이어, 2016년 3월 치즈불닭볶음면, 2017년 12월에는 까르보불닭볶음면이 차례로 출시되면서 불닭 브랜드의 인기는 이어지고 있다. 대표적인 라면 블로거 '라면 정복자피키' 지영준은 그의 책 《라면 완전 정복》(북레시피, 2017)에서 646종의 라면을 먹어본 후기를 남겼는데, 그가 매긴 최고의 라면은 평점 4.8점(5점 만점)을 준 치즈불닭볶음면이다. 미국인 라면 블로거 한스 리네시는 매년 최고의 라면 순위를 매겨서 자신의 홈페이지(www.ramenrater.com)에 발표하는데, 2020년 최고의 한국 라면으로 삼양식품의 '까르보불닭 라볶이'(전체 라면 중에서는 3위)를 뽑았다. 이런 선전에 힘입어, 불닭볶음면은 2010년대에 개발된 라면 중 유일하게 우리나라 역대 라면 매출 베스트 10에 자리 잡았다.

한국 라면에 열광하는 외국인

라면 회사들은 첫 번째 라면 생산 이후로 수십 년간 면과 스프, 플레이크 등에 대한 끊임없는 연구·개발로 새로운 제품을 매년 출시하고 있다. 하지만 역대 가장 많이 팔린 제품은 대부분 삼양라면, 신라면, 진라면, 너구리, 안성탕면, 스낵면, 육개장 사발면, 참깨라면 등 이미 세상에 나온 지 30년도 넘은 '올드보이'들이다. 물론 이 제품들 또한 시대에 따라 조금씩 변화를 주었지만 기본적인 맛은 그대로다. 이런 판매 경향은 수출 시장에서도 마찬가지였다. 라면 수출의 일차적인 대상이 재외교포 혹은 해외 거주 한국인이었기 때문이다.

단기 해외여행만 가도 낯선 현지 음식에 지친 한국 여행객들을 달래주는 것은 얼큰한 라면 국물이다. 해외여행 자유화 초창기에 배낭여행객들이 외국 공항이나 열차 안에서 버너와 코펠을 꺼내 라면을 끓여 먹었던 것으로 국제적인 창피를 당했던 일화는 어느새 추억 저편으로 멀어졌고, 용기면을 가지고 다닐 수 있게 되면서 여행객들의 짐은 한결 가벼워졌다.

해외 거주 한국인이 국제소포로 한국의 지인들에게서 라면을 조달받던 시절도 있었지만, 차츰 차이나타운이나 코리아타운에서 손쉽게 한국 라면을 구입할 수 있게 됐다. 그리고 어느새 현지인이 이용하는 마트에서도 어렵지 않게 한국 라면을 살 수 있게 되었다. 이는 해외 거주 한국인뿐 아니라 현지인들이 한국의 라면을 그만큼 구입하고 있다는 뜻으로, 실제로 각 라면 제조사들은 수출 맞춤용 라면을 속속 개발, 출시하고 있다.

2010년대 들어 삼양식품의 삼양80G, 농심의 Bowl Noodle Soup 시리즈와 Soon Veggie Cup Noodle Soup, 팔도의 도시락 플러스 등 생소한 라면 브랜드들이 등장했다. 국내 라면 업체들이 해외 소비자 공략을 위해 개발한 전략형 모델로, 국내에서는 판매하지 않는 해외 전용 상품들이다. 77억 명이 넘는 세계인의 서로 다른 입맛을 만족시키기는 쉽지 않다. 한국인의 입맛에 맞춘 기존 제품 라인업으로는 해외 시장 개척에 한계를 가질 수밖에 없는 것이다. 이에 국내 라면 제조업체들은 해외 전략형 모델 개발에 힘쓰고 있다.

현지화된 라면은 먼저 한류 드라마, 케이팝 등으로 한국 문화에 호감을 가진 10~20대가 많은 동남아시아에 집중됐다. 그런데 동남아시아에는 말레이시아, 인도네시아를 비롯해 무슬림 인구가 많다. 무슬림의 식생활에서는 돼지고기를 금기시하고 이슬람 율법이 전하는 대로 도살한 가축의 고기만을 먹는 등의 제한이 가해지는데, 이를 '할랄Halal'이라 한다(할랄은 이슬람에서 '허용된 것'을 의미한다). 따라서 동남아시아의 식탁을 공략하려는 라면 회사들은 이 원칙에 따른 제조를 거쳐 할랄 인증*을 받은 제품을 앞 다투어 출시했다.

2011년 농심은 부산에 할랄 전용 생산 라인을 갖춘 공장을 세우고 할랄신라면을 출시하면서 동남아시아 시장에 진출했다.

할랄신라면은 기존 신라면에서 고기 성분을 빼고 대체원료를 사용해 신라면 고유의 맛을 살린 것으로 사우디아라비아, 말레이시아 등 40여 주요 이슬람 국가에 수출되고 있다. 동남아시아 라면의 평균 중량은 80~90그램이라 대다수 동남아시아 사람들은 한국 라면의 양이 너무 많다고 느낄 수 있다. 삼양식품은 이들에 맞춰 중량을 80그램으로 줄인 '삼양80G'를 동남아시아에서 판매 중이다. 한국 문화에 익숙한 현지 젊은이를 대상으로 한 제품인 만큼 떡볶이, 김치, 불고기, 짜장 맛을 라면에 접목해 네 가지 맛으로 다양화했고, 2019년 말레이시아에서 처음 선보

* 식품 안전 시스템을 기본으로 원료의 선택 및 취급, 제품 제조 및 가공, 보관 및 유통 등 각 단계에 할랄 규정을 준수하여 제품을 생산한다는 것을 할랄 인증기관에서 인증하여 증명서를 수여한다. 해외에서 통용되는 세 가지 대표적인 할랄 인증은 다음과 같다.
① KMF 할랄위원회 한국의 할랄 인증기관으로 JAKIM(말레이시아 할랄 인증기관), MUIS(싱가포르 할랄 인증기관), THIDA(대만 할랄 인증기관), CICOT(태국 할랄 인증기관) 등과 상호인정을 맺고 있다.
② LPPOM MUI 할랄 인도네시아 이슬람원료협의회 산하 식품, 의약품, 화장품과 관련한 할랄 인증이다. MUI 할랄 인증은 취득뿐만 아니라 유지 관리도 어려운 편에 속한다. 인도네시아에서는 2024년 10월 17일부터 모든 식품과 음료에 대한 할랄 인증을 의무화하겠다고 결정했다.
③ ESMA 할랄 중동을 겨냥한 할랄 인증으로 걸프협력회의Gulf Cooperation Council, GCC 국가인 사우디아라비아, 아랍에미리트, 쿠웨이트, 카타르, 바레인, 오만 등이 대상이다. 아랍에미리트 표준 규격을 준수해야 하며, 인증 및 유지 관리가 까다롭다.

동남아시아의 마트에 진열된
한국 라면.

이면서 KMF 할랄 인증을 획득했다.

농심의 Soon Veggie Cup Noodle Soup는 미국, 캐나다, 유럽 등에서 불고 있는 채식주의 열풍에 맞춰 식물성 재료로만 구성된 비건 라면이다. 국제채식인연맹International Vegetarian Union에 따르면 전 세계 채식 인구는 1억 8,000명 이상(2018년 기준, 인도는 제외된 통계)으로 추산된다. 고기가 체질적으로 안 맞거나 종교적인 이유로 먹지 않는 채식주의자도 있지만, 건강을 위해 또한 가축 대량 사육 방식의 비인도성과 환경 파괴에 대한 문제의식으로 채식을 선택하는 사람들도 점점 늘어나고 있다. 따라서 무슬림 소비자 맞춤 라면만큼이나 채식인 맞춤 라면도 그 시장이 광대하다. 농심은 미국 소비자들이 전자레인지로 음식 조리를 주로 하는 사실에 착안해 전자레인지용 용기에 면을 넣은 용기면 (Bowl Noodle Soup)도 출시했다.

해외 소비자를 대상으로 수출하는 라면에서 전통의 강자는 팔도에서 1986년부터 만들고 있는 '도시락'이다. 1990년대부터 러시아에서 팔도 '도시락'의 인기가 높아졌는데, 그 배경에는 부산항과 러시아 블라디보스토크를 오가는 선원과 보따리상이 있었다. 러시아 선원들은 흔들리는 배나 기차에서 휴대용 스프를 먹곤 했는데 이를 대체한 것이 한국의 용기면이었고, 그중에서도 네모난 모양의 '도시락'이 가방에 넣기 편했기 때문에 주로 선택되었다. 그들을 중심으로 큰 인기를 끈 '도시락'이 점차 러시아 전역에 퍼지게 된 것이다. 더 나아가, 팔도는 추운 날씨 탓에 열량이 높은 마요네즈를 즐겨 먹는 러시아인의 식문화에서 아이디어를 얻어 '도시락'에 별도의 마요네즈를 첨부한 '도시락 플러스'를 개발했다. 이 라면은 얼큰한 국물 맛 대신 부드러운 국물 맛을 내 현지인들의 입맛을 사로잡는 데 성공했다.

그렇다면, 한국의 라면은 언제부터 수출되기 시작한 걸까? 예상외로 한국 라면의 해외 수출은 꽤 이른 편이었다. 한국에서 라면이 첫 등장한 지 6년 만인 1969년에 삼양라면이 처음으로 수출되었다. 베트남으로 150만 달러 분량의 라면을 수출한 것이다. 액수는 2만 달러도 안 되는 미미한 양이었지만, 인스턴트 라면의 종주국 일본에도 라면을 수출했다. 농심의 전신인 롯데도 1971년에 미국의 교포들을 상대로 첫 수출에 성공했다. 두 회사는 꾸준히 해외 수출을 늘려오다 1984년에 삼양식품의 해외 수출액이 1,000만 달러를 넘어섰고, 1988년에는 농심이 '1천만불 수출유공탑'을 수상했다.

1986년 서울 아시안게임과 1988년 서울 올림픽에서 라면 공식 공급업체가 되고, 스테디셀러 안성탕면과 신라면 등을 출시해 한국 라면 시장의 최강자로 군림하게 된 농심이 1990년대의 라면 수출 또한 주도했다. 중국에 현지 공장을 세우고 해외 시장 개척에 나선 것이다. 팔도 도시락이 러시아를 공략한 것도 이 시기다.*

2000년대 들어 라면 업계는 수출 지역을 전 세계로 넓혔다. 관세청 자료에 의하면, 2019년에 한국에서 라면을 가장 많이 수출한 국가는 라면 소비량 제1위 국가 중국이다. 단일 국가는 아니지만 동남아시아가 그 뒤를 따르고 있으며, 미국, 일본, 이탈리아 순으로 한국 라면을 수입해 먹고 있다.

2014년 2억 845만 달러, 2015년 2억 1,879만 달러, 2016년 2억 9,036만 달러로 점차 늘어나던 라면 수출액은 2019년 4억 6,699만 달러로 그 규모를 크게 키웠다. 그러다 2020년 7~8월 라면 수출액은 전년 같은 기간에 비해 33.4퍼센트 급증했다. 그 이유로 코로나19의 확산뿐 아니라 불닭볶음면의 선전을 빼놓을 수 없는데, 삼양식품의 같은 기간 수출액은 전년에 비해 51.8퍼센트 늘어났다.

* 농심 홈페이지(http://www.nongshim.com/introduce/history).

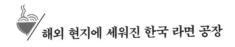
해외 현지에 세워진 한국 라면 공장

한국에서 제조된 라면의 수출뿐 아니라 해외 현지에 세워진 공장에서도 많은 라면이 생산돼 현지인의 입맛을 사로잡고 있다. 한국 라면의 첫 해외 공장은 의외로 지구 반대편인 브라질에 세워졌다. 1972년 현지 교민들이 라면 공장을 설립해 운영하다가 일본 제품의 등장으로 판매율이 떨어져 경영난에 빠졌고, 정부의 권유로 삼양식품이 인수하여 그해 9월부터 삼양라면을 생산한 것이다. 모두 43만 달러를 투자했지만, 현지 사정이 복잡하게 얽히면서 3년 만에 지분을 모두 현지 교포들에게 넘기고 철수하고 말았다.

국내 라면 업체가 직접 세운 첫 해외 공장은 삼양식품의 미국 LA 공장이다. 1984년 3월, 삼양식품은 200만 달러를 투자하여 LA에 대지 3,100평, 건평 1,700평 규모의 공장을 세웠다. 재미교포가 주 고객이었고, 연간 330만 상자의 생산 능력을 갖춘 공장이었다. 라면 회사에서뿐 아니라 국내 식품 업체로서도 첫 번째였고, 당시 흔치 않는 미국 FDA의 승인을 받았다.

농심은 1990년대 후반부터 해외 공장 설립을 본격화했다.

1998년에는 중국 칭다오에, 2000년에는 선양에, 2002년에는 칭다오에 제2의 공장을 준공하면서 중국 시장을 겨냥해 적극적인 공세를 펼치기 시작했다. 2005년에는 LA에도 공장을 지어 미주 시장에도 생산 거점을 마련했으며, 2022년 LA 제2공장 완공을 목표로 하고 있다.

팔도는 '도시락'이 러시아에서 큰 성공을 거둔 데 힘입어 2002년에 아예 현지법인과 공장까지 세우고, 2020년 현재는 러시아 용기면 시장의 절반을 장악하고 있다.*

＊《머니투데이》, 2020년 6월 11일.

세계 라면 시장의 현황

세계라면협회World Instant Noodles Association, WINA에 따르면, 2019년 한 해 동안 전 세계에서 소비되는 인스턴트 라면의 숫자는 1,000억 개가 넘는다. 이는 라면이 전 세계에서 사랑받는 글로벌 푸드임을 보여주는 수치다. 그중 40퍼센트인 약 414억 개를 중국(과 홍콩)에서 소비하면서 세계 최대 라면 소비량을 자랑했으며, 그 뒤를 이어 인도네시아가 125억 개(약 13퍼센트)를 소비하고 있다. 우리나라는 연간 약 39억 개의 라면을 소비해 미국에 이어 7위에 올랐다. 그러나 한국인의 라면 사랑은 남다르다. 1인당 라면 소비량은 한국이 75.1개로 세계 1위를 기록했는데, 2위와 3위를 차지한 네팔(57.6개)과 베트남(56.9개)보다 월등히 많은 수치다(세계라면협회WINA).

라면은 각국의 음식 문화를 반영해 다양하게 발달하고 있다. 라면 소비량 2위를 기록한 인도네시아는 날씨가 매우 덥기 때문에 잘 부패하지 않는 짜고 단 음식을 좋아해 라면도 그에 맞게 만들어지며, 1인당 라면 소비량에서 근소하게 네팔에 이어 3위를 차지한 베트남에서는 인스턴트 라면을 조리할 때에도 양파, 레몬, 고추 등을 첨가하는 등 각 나라만의 특징이 나타나는 것이다.

| 국가별 라면 소비량 상위 10개국(2015~2019년) |

단위: 100만 개

순위	국가/지역	2015	2016	2017	2018	2019
1	중국/홍콩	40,430	38,520	38,960	40,250	41,450
2	인도네시아	13,200	13,010	12,620	12,540	12,520
3	인도	3,260	4,270	5,420	6,060	6,730
4	일본	5,540	5,660	5,660	5,780	5,630
5	베트남	4,800	4,920	5,060	5,200	5,430
6	미국	4,080	4,120	4,130	4,520	4,630
7	한국	3,650	3,830	3,740	3,820	3,900
8	필리핀	3,480	3,400	3,750	3,980	3,850
9	태국	3,070	3,360	3,390	3,460	3,570
10	브라질	2,370	2,370	2,250	2,390	2,450

출처: 세계라면협회(https://instantnoodles.org/en/noodles/market.html). (2020. 5. 11 기준)

세계 각 나라의 라면 문화는 다음과 같다.*

◇ **중국(과 홍콩)**

면의 종주국이자 세계 최대 라면 소비국이다. 쇠고기 육수에 다섯 가지 향신료(회향, 계피, 정향, 귤피, 팔각)로 풍미를 낸 라면이 가장 대중적이며, 밀가루 면 외에도 쌀국수와 당면으로 된 제품도 많이 팔린다. 굵직한 플레이크가 들어간 대형 용기면의 비중도 상당하다.

홍콩 사람들은 새우나 생선 같은 해산물 맛의 국물을 좋아하지만, 쇠고기 육수나 닭 육수, 돼지뼈 육수로 낸 국물의 라면도 다양하게 팔린다. 홍콩 사람들은 차찬텡茶餐廳이라 불리는 티tea 레스토랑에서 인스턴트 라면에 다양한 토핑을 얹어 아침식사나 간식으로 먹는다.

◇ **네팔**

1인당 라면 소비량 세계 2위인 네팔에는 두 가지 종류의 라면이 있다. 하나는 양념이 돼 있는 '브라운 누들'이고, 다른 하나는 양념이 없는 '화이트 누들'이다. 조리하지 않고 간식으로 라면을 먹곤

---

* 세계라면협회의 소개를 참조했다(https://instantnoodles.org/en/noodles/market.html).

하므로, 브라운 누들이 더 인기 있다. 닭 육수와 채소를 베이스로 한 국물에 마살라와 칠리 파우더로 양념한 라면이 많이 팔린다.

◇ 인도네시아

세계 최대의 이슬람 국가로, 할랄 인증이 필수적이다. 이제는 동남아시아 음식의 대명사가 된 '미 고랭Mie Goreng'이 인도네시아 전통 음식인데, 이를 제품화한 인스턴트 라면을 많이 먹는다. 인도네시아어로 미는 '면', 고랭은 '볶았다'는 의미다. 고추 양념이 들어간 채소와 닭고기, 새우 맛 라면이 인기 있다.

◇ 인도

인도인의 60퍼센트 이상은 종교적 이유로 채식주의자다. 그렇기 때문에 채소와 토마토를 곁들인 스프가 들어간 라면이 가장 잘 팔린다. 당연히, 커리(마살라)와 치킨 티카 풍미 라면이 인기 있는데, 국물이 없고 마살라를 넣은 인도식 비빔면을 마기면이라 한다. 어린이 간식용으로 초타 팩Chota Packs이라 불리는 미니 봉지면이 많이 팔린다.

◇ 일본

인스턴트 라면의 종주국답게 1년에 수백 종의 인스턴트 라면이 시장에서 치열한 경쟁을 벌인다. 일반적으로 돈코쓰(돼지뼈) 육수, 닭 육수, 생선 육수에 간장을 섞은 국물을 좋아한다. 우동, 소바, 야키소바(볶음국수) 등 다양한 국수가 라면으로 나와 있다. 유명한 라면집이나 식당과 콜래보레이션한 다양한 제품이 나와 있으며, 건강을 챙기는 소비자를 위한 저칼로리 제품도 있다.

일본인들은 편의성 외에도 지진이나 태풍 등 자연재해에 대비한 비상식량으로서 용기면을 구입하는 경향이 있다. 또한 일본의 용기면은 봉지면보다 플레이크가 더 푸짐하게 들어가 있는 경우가 많아 용기면의 인기가 꾸준히 상승하는 데 영향을 주었다고 한다.

◇ 베트남

새우 풍미에 신맛 내는 스프가 들어간 라면이 가장 인기 있으며 쌀국수 라면도 많이 생산한다. 베트남 사람들은 인스턴트 라면을 조리할 때 양파, 레몬, 후추를 추가하곤 한다. 웰빙 붐으로 감자 전분, 옥수수 전분이 들어간 라면이 대중화되고 있다. 외국 라면도 많이 수입하는데, 1위가 한국 라면이다. 2019년 기준 2위 중국으로부터의 라면 수입액은 741만 달러인데, 한국으로부터의 라면 수입액은 1,993만 8,000달러로 세 배 가까이 된다.

◇ 필리핀

필리핀에서는 판싯칸톤Pancit Canton이라 불리는 볶음면 스타일이 인기 있는데, 캘러먼딘(감귤류) 풍미와 매운 고추 맛 라면이 많이 팔린다. 국물로는 해산물 육수가 인기 있다. 인스턴트 라면을 간식으로 먹기 때문에 작은 용기면을 많이 찾는다.

◇ 태국

일반적으로 고추가 들어간 매운맛을 선호하며, 쌀국수 라면도 많이 생산된다. 돼지고기, 쇠고기나 새우 같은 육류와 해산물 육수를 다양하게 사용한다. 두부를 많이 사용하는 것이 태국 사람들의 독특한 라면 조리법이다.

◇ 브라질

브라질 사람들은 매우 짠 라면을 선호하는데, 국물 없이 면을 버무리는 인스턴트 라면을 많이 찾는다. 닭고기 맛이 제일 인기 있지만, 쇠고기, 토마토, 치즈, 베이컨 맛도 많이 팔린다. 크리미한 국물과 파스타 같은 식감의 면을 좋아한다.

◇ 미국

쇠고기, 새우, 채소 맛 라면이 다양하게 있지만, 미국인들은 닭 육수 베이스의 라면을 제일 좋아한다. 젓가락질을 못하는 미국인이 많아서 면이 짧게 잘려 있는 경우가 많고, 이를 숟가락이나 포크로 먹는다. 전자레인지가 폭넓게 활용되기 때문에 전자레인지로 조리할 수 있는 용기면이 주로 판매된다.

◇ 러시아

닭 육수 국물 라면이 인기 있다. 러시아인들은 라면을 야외 바비큐와 함께 먹기도 하고, 열흘이 넘게 걸리는 시베리아 횡단 열차 안에서 라면을 즐긴다. 때로는 봉지면을 국물 없이 조리해 다른 반찬과 함께 먹거나 면을 부수어 컵에 넣어 마시곤 한다. 특이하게도 마요네즈와 함께 용기면을 먹는다.

◇ 독일

닭고기, 쇠고기, 새우 맛 국물 라면이 일반적인데, 토마토 베이스에 매운 국물 라면이 인기를 끌고 있다. 기다란 면을 먹어본 경험이 별로 없는 독일인들이기에, 면은 숟가락이나 포크로 먹을 수 있게 짧게 잘려 출시된다.

◇ 사우디아라비아

사우디 사람들은 닭고기 맛 라면을 많이 먹는다. 이 나라에는 베이비시터나 가사도우미로 일하러 온 인도네시아 여성이 많은데, 이들의 입맛이 사우디 아이들에게 전파되었기 때문이다. 이슬람 율법이 강력하므로 라면 역시 할랄 인증을 받아야 한다. 대부분 라면을 박스째 구입한다.

◇ 나이지리아

나이지리아 사람들에게는 닭고기가 친숙한데, 라면에서도 닭고기 맛이 제일 많이 팔린다. 나이지리아 사람들은 아주 적은 양의 국물로 라면을 조리하거나 국물 없이 먹는다. 어린이와 학생들은 아침식사, 간식, 점심식사로 학교에서 인스턴트 라면을 많이 먹는다.

세계 라면 시장도 국내 시장과 마찬가지로 용기면의 비중이 점점 높아지고 있다. 중국의 경우 2018년 용기면 시장 점유율이 44.4퍼센트로, 34.5퍼센트였던 6년 전과 비교했을 때 10퍼센트 증가했다(중국식품과학기술학회). 미국은 6년 전 58퍼센트를 차지하던 봉지면의 비중이 2019년 56.9퍼센트로 줄어들었고, 용기면의 비중은 43.1퍼센트로 늘어났다. 일본은 2019년도 기준으로 용기면이 전체 인스턴트 라면 시장에서 차지하는 비중이 69.5퍼센트나 되는 것으로 나타났다(일본즉석식품협회).

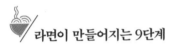

라면이 만들어지는 9단계

- **1단계 | 배합** 밀가루, 전분, 소금, 정제수, 비타민B2 등을 혼합해 면을 반죽한다.
- **2단계 | 제면** 압연 롤러를 통과시키면서 밀가루 반죽을 1~2밀리미터 정도로 얇게 밀고 두 개의 롤이 맞물려 돌아가는 절출기를 거쳐 면대가 절단되어 제품에 따른 다양한 면발이 만들어진다. 제면기를 통과할 컨베이어벨트의 속도를 늦추어 꼬불꼬불한 라면 모양으로 만든다.
- **3단계 | 증숙** 100℃ 정도의 고온 스팀 터널을 통과시키며 면을 익힌다.
- **4단계 | 납형** 익힌 면을 성형 틀에 넣고 모양을 만든다(봉지면: 사각 성형 틀, 용기면: 용기 모양 성형 틀).
- **5단계 | 유탕** 150℃ 정도의 팜유에서 60초간 튀겨낸다(봉지면: 45~60초, 용기면 60~100초).
- **6단계 | 냉각** 튀긴 면을 낮은 온도에서 빠르게 식힌다.
- **7단계 | 면/스프 투입** 면에 따로 포장된 스프와 플레이크를 첨부하여 봉지 및 용기에 넣어 포장한다.
- **8단계 | 검사** 완성된 제품에 문제가 없는지 검사한다.

• 9단계 | 포장 | 자동 포장기를 통해 완제품을 만든다.

세계인과 함께 즐기다

어디에서나 라면을

2005년 7월 26일 발사된 미 항공우주국의 우주왕복선 디스커버리호. 이 우주선의 비행에 대해 당사국 미국만큼 관심을 쏟은 나라가 일본이었는데, 일본인 우주비행사(엔지니어) 노구치 소이치野口聰—가 승선하기 때문이었다. 그런데 일본인 우주비행사의 승선만큼이나 일본인들의 관심을 끈 일이 있었으니, 최초의 우주식 라면 '스페이스 라무Space Ram'가 노구치를 위해 같이 실린 것이었다.

노구치는 12일간 우주에 머물며 선내 골방에서 이 라면을 맛있게 먹었는데 안타깝게도 라면의 꽃, 국물은 없었다. 공기압이 지구보다 낮은 우주에서는 물의 끓는점이 섭씨 70도 정도라서 라면을 제대로 익히기 쉽지 않은데다 무중력 상태에서 둥둥 떠다니는 액체를 그릇에 담아 먹을 수도 없기 때문이다. 우주에서는 미각도 저하되기 때문에 맛도 일반 라면보다 강하게 가공했고, 스프에도 점성을 더해 면과 뭉쳐진 상태로 만들었다. 즉 우주 라면은 비빔면에 가까운 형태다.

이 라면은 우주에서도 먹을 수 있는 라면을 개발하겠다고 공언한 인스턴트 라면의 창시자 안도 모모후쿠의 제안으로, 닛신식품과 일본항공연구개발기구가 2002년 함께 연구에 착수해 만들어낸 것이었다. 안도 모모후쿠는 당시 "라면이 우주에 갈 수 있다는 내 꿈을 이뤄 행복하다"고 말했다.

우주에 진출하기 이전부터, 인스턴트 라면은 '어디에서나' 먹을 수 있는 음식이었다. 집 안에서 먹을 때는 자유로운 응용이 가능하다. 아무것도 넣지 않고 라면 본연의 맛을 즐길 수도 있지만, 그때그때 집에 있는 재료를 골라 달걀도 넣고 파도 넣고 김치도 넣어 먹는다. 때로는 새우, 오징어, 꽃게도 넣어 끓이며 나름 고급 요리를 먹는 기분을 낸다.

용기면이 나온 후 아무 데서나 먹을 수 있게 됐다지만, 코펠과 버너만 있으면 봉지면도 아무 데서나 먹었다. 가족 캠핑을 가면 아빠가 준비하는 음식이 라면이었고, MT에 간 대학생들은 술과 얘기로 밤을 지새우다 출출해지면 커다란 코펠에 끓인 라면을 술안주 삼아 먹었다.

여럿이 분식집에 몰려가 떡 라면이나 만두 라면을 김밥, 떡볶이와 함께 주문해 늘어놓고 다 같이 나눠 먹어도 좋지만, 다양한 용기면이 진열된 편의점에서 입에 맞는 것 하나 골라 혼자 먹어도 된다. 아니면 사 들고 나와 사무실 구석에서 먹어도 되고, 근처에 공원이 있다면 편의점에서 끓는 물을 부어 나와 벤치에 앉아서 먹으면 더 좋을 테다.

우주선에서 먹기 전에 비행기에서 먹었는데, 이코노미클래스에서는 미지근한 물로 익힌 용기면을 먹지만 퍼스트클래스에서는 스튜어디스가 끓여준 라면을 그릇에 담아 대접받는다. 저가 항공으로 여행할 때는 용기면도 내 돈 내고 주문해야 하지만 말이다.

한때 가난을 상징했던 라면은 어느새 취향의 상징이 되었다. 기회가 되면 채끝등심이나 랍스터를 넣은 호사스러운 라면도 끓여 먹겠지만, 집이나 일터를 빼앗긴 사람들이 모여 있는 재난의 현장에도 언제나 라면이 있을 것이다.

어디에서나 먹지만 어느 하나에 갇히지 않는 음식, 라면이다.

한국 라면의 아버지,
이건* 전중윤

탄생과 시작

이건以建 전중윤全仲潤은 1919년 8월 30일에 강원도 김화군 임남면 달전리에서 전명흠全明欽과 광산김씨의 둘째 아들로 태어났다. 강원도 하면 옥수수나 감자나 먹는 지역으로 생각하지만, 달전리 일대는 고지대이긴 해도 농지가 넓어서 먹고살기는 어렵지 않았다. 전통적 유교 교육을 받고 향교에서도 활동한 전명흠은, 수리 시설을

---

* 이건以建은 삼양식품의 창업주 故 전중윤 명예회장의 아호로, '뜻한 바를 기필코 이루다'라는 뜻이다.

개량해 마을의 밭을 논으로 바꿈으로써 마을 주민들의 식생활을 개선하는 데 공을 세웠다. 훗날 전중윤이 이루는 필생의 꿈인 '식족평천食足平天'(먹을 것이 충분해야 천하가 태평하다)을 아버지가 먼저 마을 차원에서 이룬 셈이다.

달전리는 1914년 개통된 경원선 철도가 서는 철원과 명산 금강산의 내금강 중간에 있었다. 1918년 6월에는 관광을 목적으로 철원에서 금강산을 연결하는 자동차 운행도 시작되었다. 이 길목에 있는 달전리를 들르는 관광객이 많아졌고, 외국인 선교사들의 별장들도 지척에 생겼다. 달전리는 이렇게 근대의 물결을 정면으로 접하고 있었다.

또 하나 이 고장에 주목할 부분은 국수 문화가 발달했다는 점이다. 쌀이 많이 나는 달전리는 예외였지만, 그 부근은 메밀이나 감자, 옥수수 등이 주식이었고, 이것들을 재료로 쓴 국수 문화가 발달했다. 특히 메밀가루로 만들고 동치미 국물을 사용한 막국수와 닭 육수를 사용한 칼국수가 일품이었다. 전중윤과 동향이었던 부인 이계순은 이런 국수들을 즐겨 먹고 자랐다고 회고했다. 그러니 전중윤이 삼양식품을 창업해 라면을 만든 다음 개발한 면 제품이 칼국수인 것은 어쩌면 당연한 일이었다.

전중윤은 서당에 들어가 천자문을 시작으로 사서삼경과 통감通鑑을 익히면서 배움을 시작했다. 그는 평생 책을 놓지 않았다. 그렇

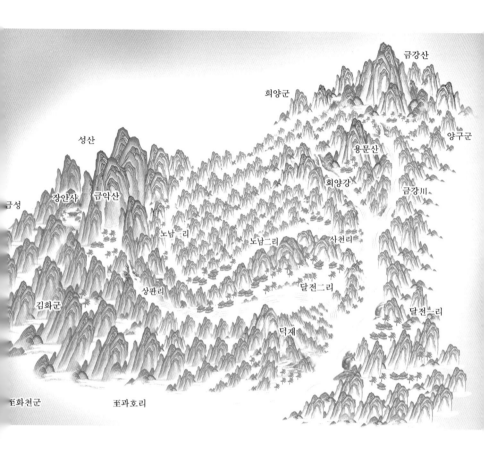

금강산

회양군

양구군

성산

용문산

금성
장안사 금악산
회양강
금강川

노남 리
노남二리
산천리

상판리
달전二리

김화군
달전二리

덕재

토화천군
표과호리

강원도 김화군 달전리 '진경산수화'.
전중윤의 요청으로 삼양식품 디자인팀 김성훈이 그렸다.

기에 우지 사건과 회사 부도의 혹독한 시련 속에서도 독서를 통해 마음을 다잡을 수 있었다. 책을 통해 습득한 동양적 교양은 그의 정신적 바탕이 되었다. 삼양이라는 회사 이름 또한 삼재三才, 즉 하늘과 땅, 사람을 키운다는 동양적인 사고의 산물이다. 그의 좌우명인 '인간백회천세우人生百懷千歲憂'는 인간은 백세를 살지만 천 년 뒤까지 생각해야 한다'라는 뜻으로, 한나라 악부시의 한 구절인 "인생불만백 상회천세우人生不滿百 常懷千歲憂"를 줄인 것이다.

뜻밖의 부상이 이어준 귀한 인연

전중윤이 태어난 1919년은 3·1운동이 일어난 해다. 이에 크게 놀란 일제는 무력을 앞세운 무단 통치에서 벗어나 문화 통치로 전환했는데, 그 결과의 하나가 학교의 확충이었다. 이 때문에 임남면소재지에 임남공립보통학교가 설립되있고, 소년 전중윤은 그곳에 입학하여 신식 교육을 받을 수 있었다.

그는 이 시기에 개신교 교회에도 다니기 시작했다. 서양인 선교사들이 많이 드나들어서 익숙하기도 했지만, 당시 교회는 한국인에게 종교를 떠나 '서구 문물을 받아들이는 창구'로서 더 중요한 존재였다. 당시 많은 애국지사가 교회에 나가거나 YMCA 활동을 한 것 또한 이런 이유가 컸다. 지적 호기심이 왕성했던 소년 전중윤이 교회에 다니게 된 것은 어쩌면 당연한 일이었다.

우수한 성적으로 4년제 임남공립보통학교 제1회 졸업생이 된 전중윤은 금성공립보통학교 5학년에 진학했다. 그런데 한창 공부에 매진하던 중 팔이 골절되는 중상을 입게 되었다. 6개월간 치료를 받은 후에도 바로 학교로 돌아가지 못하고 다시 6개월 더 금강산에서 요양을 하게 되었는데, 이 부상이 오히려 전화위복의 계기가 되었다. 요양이 끝나갈 무렵, 휴가차 금강산에 온 호사카 히사미쓰 조선방송협회장을 만난 것이다. 그는 일본인으로서는 드문 독실한 크리스천이자 박애주의자로, 조선 사람을 차별하지 않았다. 그는 마침 개신교에 입교한 총명한 소년 전중윤을 무척 마음에 들어했고, 좀 더 큰일을 하기 위해서는 상경을 해야 한다고 권했다.

호사카는 전중윤에게 용산우체국에서 일할 수 있도록 추천서를 써주면서 상업학교 진학까지 알아봐주겠다고 나섰다. 건강을 완전히 회복한 전중윤은 부모님과 상의한 끝에 상경을 결심한다. 마침 금성공립보통학교의 담임도 적극적으로 상경과 진학을 권했다. 1936년, 전중윤은 취업과 진학을 위해 경성(현재의 서울)으로 떠났다.

서울로, 다시 서울로

전중윤은 용산우체국 서무과에서 일하면서 선린상업학교 야간

청년 시절의 전중윤.

부에 입학했다. 당시 용산은 철도 기지와 조선주둔군 사령부가 있어 일제 식민 지배의 핵심 지역이면서 신문물이 가장 먼저 들어오는 곳이었다. 이후 그는 1969년에 종로구 신교동으로 이사하기 전까지, 철원과 익산, 부산에서 잠시 지낸 기간을 제외하면 30년 이상을 용산에서 살게 된다.

상경한 지 2년, 청년이 된 전중윤은 체신국(현 정보통신부) 보험과로 발령을 받았다. 선린상업학교에서의 우수한 성적과 책임감 있는 업무 태도, 좋은 실적 등은 훗날 그가 동방생명보험이나 제일생명보험 같은 한국 보험 업계의 대표 회사를 이끄는 기반이 된다. 또한 이 시기에 수행한 우편과 보험, 회계 업무는 전중윤에게 '계수'라는 선물을 주었다. 물론 그 전에도 산수나 기하를 비롯한 숫자 공부를 하기는 했지만, 경제와 회계 등 차원이 다른 배움은 그가 훗날 경영인으로 성장하는 데 큰 도움이 되었다.

일본은 1937년 7월 중일전쟁을 일으킨 데 이어, 1941년 12월 하와이 진주만을 기습 공격하면서 태평양전쟁까지 일으켰다. 전운이 한반도에까지 미치던 1944년 여름, 형 전중문이 형수와 함께 장티푸스로 쓰러져 세상을 떠났다는 비보가 전해졌다. 형이 고향을 지켜준 덕에 타지에서 자신의 길을 갈 수 있었던 전중윤은 청천벽력 같은 소식에 귀향을 결심했다.

부모님은 그에게 결혼을 강력하게 권했다. 형이 세상을 떠난 이상 거절할 수 없었다. 평생의 반려자가 되는 이계순은 청년 전중윤보다 아홉 살이 어려 당시 열일곱 살이었고, 달전리에서 20여 리 떨어진 원동면 장연리 출신이었다. 두 사람은 1944년 11월 결혼식을 올렸고, 그 후 70년 가까이 고락을 함께했다.

혼인 후 그는 고향과 가까운 철원으로 전출해 일하면서 주말마다 부모님과 조카들을 돌보았다. 철원 상공에도 B29 폭격기가 보일 정도로 전황이 심상치 않은 가운데, 일본의 패망을 예견한 전중윤은 6월 말 체신국에 사표를 내고 완전히 귀향했다. 조용히 농사를 지으면서 시대가 어떻게 바뀔지 지켜보기로 한 것이었다.

머지않아 한국은 감격스러운 해방을 맞이했다. 하지만 기쁨도 잠시, 생각지도 못하게 남북이 분단됐고 아슬아슬하게 38선에 걸쳐 있던 고향 달전리는 이북으로 편입되고 만다. 그는 상황을 알아보기 위해서라도 다시 서울로 갈 수밖에 없었고, 미군정하의 체신부에서 일하게 되었다. 그는 부모님과 조카, 누이들도 서울로 데려가고자 했지만, 아버지의 반대로 아내만 데리고 38선을 넘는다. 이후 그는 죽을 때까지 고향에 돌아가지 못했다. 몇 년 후 아버지가 반동 지주로 낙인찍혀 죽임을 당했다는 풍문만 가슴 아프게 전해 들었을 뿐이다.

이런 연유에서였을까. 실향민이라는 정체성은 그에게 큰 영향을 끼쳤다. 1967년에는 월남민 출신들이 설립한 경희대학교 대학원에 입학했고, 미수복강원도중앙도민회장, 이북7도민회연합회장 등 실향민 단체의 수장을 맡았다. 삼양식품이 철원에 주둔한 제6사단과 자매결연을 맺은 것도 모두 같은 맥락이라고 할 수 있다.

첫 경영이 준 교훈

전중윤은 대한민국 정부 수립 이후에도 체신부의 행정관으로서 일본인 관리들이 떠난 거대한 공백을 메우기 위해 쉴 새 없이 일했다. 그러던 중 일본인이 남긴 전기기기 제조업체 '도시바전기'

의 경영자가 되어달라는 요청을 받았다. 그는 서른의 젊은 나이에 10년간 이어온 공직 생활을 그만두고 첫 회사 경영을 시작했다. 당시 전기는 신생 대한민국의 경제에 필수적인 산업이었고, 전중윤은 이 경험을 통해 제조와 판매가 이뤄지는 방식에 대한 지식을 쌓을 수 있었다.

이렇게 경영인으로서 첫발을 떼고 일에 몰두한 지 얼마 지나지 않았을 때, 우리 민족 최대의 비극인 한국전쟁이 일어났다. 1950년 겨울, 서울이 북한군에 점령당했다. 국유재산인 도시바전기의 경영을 계속할 수 없었던 전중윤은 전 재산이라고 할 수 있는 20만 원을 들고 체신부에서 함께 일했던 동료의 고향 익산(당시 이리)으로 향했다. 낯선 환경이었지만, 동료의 배려로 작은 집도 얻었고 이웃 주민의 따뜻한 정을 느끼며 큰 어려움 없이 지낼 수 있었다. 훗날 그는 이 은혜와 인연을 잊지 않고 익산에 삼양식품 공장을 세워 지역사회를 도왔다.

그렇게 2년가량 타지에 머물렀던 전중윤은 전쟁이 끝나갈 무렵 서울로 돌아왔다. 전쟁의 결과와 분단 상황, 그 어느 것도 예견하기 어려웠던 시기였기에 전중윤은 결국 공직을 포기하고 중앙공예물산 주식회사의 상무와 한국공예품수출조합 부이사장 자리를 맡았다.

당시 정부는 외화 확보와 전후 재건을 위해 전통 공예품의 해외 수출을 꾀했다. 그를 원활히 하기 위해 수출조합을 만들어 전중윤에게 부이사장 임무를 맡긴 것이다. 처음엔 나전칠기 방식으로 만든 전통 공예품을 뉴욕에 수출했는데, 이는 참담한 실패로 돌아갔다. 어처구니없게도, 부실한 포장과 운송 부주의로 인해 상품이 모두 파손되었던 것이다. 처음으로 경영 실패의 쓴맛을 보았으나 이 사건은 경영인 전중윤에게 귀중한 경험이 되었다. 제품의 생산뿐 아니라 유통 관리까지 합리적이고 과학적이어야 한다는 교훈을 얻은 것이다. 훗날 삼양식품이 성장기를 지나 완숙기에 접어든 1975년 1월에 포장 판지를 전문적으로 생산하는 삼양판지(현 삼양프루웰)를 설립한 이유도 이때의 실패와 무관치 않다.

보험 회사 경영자 전중윤

1957년경, 한국공예품수출조합에서 함께 일한 동료가 전중윤의 보험 업무 경력을 알고는 보험 회사 실립을 제안했다. 둘은 의기투합하여 다섯 명의 동업자를 모았고, 1957년 3월 30일 소공동의 삼화빌딩(옛 국민은행 본점 자리) 301호에서 동방생명보험을 설립했다.

공무원연금은커녕 공무원 신분 보장도 없던 시절이었다. 언제 제복을 벗을지 모르는 이들에게 퇴직보험은 매력적일 수밖에 없었다. 당시 경찰 조직의 수장인 내무부 장관이 경찰 공무원들에게 일괄적으로 퇴직보험을 들게 함으로써 동방생명보험은 한 번에 국내 보험

동방생명보험 설립 당시, 1957.

업계 1위 자리에 올라섰다.

　전중윤은 업계 1위를 지키기 위해 회사 경영에 더욱 열중했는데 오래 지나지 않아 몸에 탈이 나고 말았다. 병명은 만성맹장염이었다. 치료 자체는 간단한 수술을 받으면 되는 것이었지만, 과로로 인한 병이니 당분간 요양을 해야 한다는 진단이 내려졌다. 전중윤은 하는 수 없이 회사에서 물러나 요양을 시작했다. 이때 그의 나이는 겨우 40세였다.

　전중윤이 건강 문제로 경영 일선에서 물러난 사이, 선두 업체였지만 4·19혁명으로 그 기반을 잃은 제일생명보험이 심각한 경영 위기에 빠졌다. 재무부는 마침 건강을 회복한 전중윤에게 경영을 맡아 회사를 정상화시켜달라고 요청했다. 동방생명과 대한생명, 고려생명 세 회사가 공동으로 관리를 맡는다는 조건으로 그는 이 제안을 받아들였다. 공동 창업자였던 동방생명과 달리 제일생명에서는 전문 경영인으로 일한 셈이었다. 그리고 이 시기, 보험 업계 시찰과 경영 연수를 위해 방문한 일본에서 그의 운명을 바꾸는 식품, '라면'을 발견하게 된다.

천금 같은 5만 달러 그리고 운명적 만남

1961년 8월 24일, 전중윤은 식용유 회사인 민성산업주식회사를 인수하고 하월곡동에 공장을 설립했다. 근거지를 만든 그는 일본의 여러 라면을 입수해 나름대로 연구를 시작했지만, 이를 실행하기 위해서는 일본의 기술과 기계가 반드시 필요했다.

일본 쪽에 기계 가격을 알아보니 라면 생산 설비 하나를 세우는 데 필요한 돈은 무려 6만 달러. 외환 보유액이 부족했던 시절이었으니 불가능한 일이나 마찬가지였지만 전중윤은 '라면으로 식량 문제를 해결해보겠다'며 포기하지 않았다. 다행히 군사정권의 실세 김종필이 '라면 사업'에 관심을 보이며 적극적인 지원을 약속했고, 마침내 1963년 1월 5만 달러의 외화 할당 통지가 내려왔다.

외화를 확보한 직후, 전중윤은 일본으로 건너가 여러 라면 회사를 찾아다니며 교섭을 했지만 반응은 냉담했다. 그러던 중 스프 별첨 라면을 처음으로 개발한 묘조식품의 오쿠이 기요스미 사장과 인연이 닿게 된다. 사업 외에도 한일 관계 등 여러 주제에서 대화가 잘 통했던 두 사람은 서로에게 깊은 인상을 받았다. 전중윤의 진심을 알아준 오쿠이 사장 덕분에, 1963년 4월 24일 삼양식품은 묘조식품과 최종 계약을 체결한다.

계약 조건은 기적이라 할 만큼 좋았지만, 아쉽게도 스프 배합 기술의 진수는 빠져 있었다. 전중윤 역시 핵심 기술까지 알려달라는 부탁은 할 수 없었다. 전중윤이 한국행 비행기를 타기 직전, 배웅을 나온 오쿠이 사장의 비서가 봉투를 하나 건넸다. 그 안에는 오쿠이 사장의 진심이 담긴 편지와 함께 스프 배합 등의 핵심 기술이 적혀 있었다. '묘조의 혼'이 담긴 기밀을 받은 전중윤은 오쿠이 사장의 배려에 눈물을 흘릴 수밖에 없었다고 회고했다. "한국이 일본으로부터 무상, 무기한의 기술 공여를 받은 예는, 이전에도 이후에도 없을 것이라고 생각합니다. 그 이후로 저는 감사의 마음을 잊은 적이 없습니다."

한국에 돌아온 지 얼마 지나지 않아, 묘조식품의 기술자 3명이 한국으로 건너와 하월곡동 공장의 기계 설치 작업을 마무리해주었다. 기계는 당시로서는 매우 드문 스테인리스 제품으로, 완벽에 가까운 위생을 보장할 수 있었다.

한일 수교도 되기 전, 일본과 유례없는 계약을 체결한 것만큼 놀라운 일은 또 있었다. 바로 전중윤 사장이 정부에서 빌린 5만 달러 가운데 2만 3,000달러를 반환한 것이다. 달러가 워낙 귀할 때라 웃돈을 받고 팔면 큰돈을 벌 수도 있었지만, 전중윤은 "국가에 감사한 마음을 가져야 한다"며 정직을 택했다.

하월곡동 공장에 기계가 설치된 이후, 전중윤 사장과 50여 명의 직원들은 정신없이 일했고, 1963년 9월 15일 한국 최초의 라면인 '삼양라면'이 세상에 나왔다. 라면 개발의 결정적 계기가 된 꿀꿀이죽의 두 배인 10원이라는 가격은 확실히 싼 편이었다. 문제는 이 가격이 생필품의 물가 인상을 억제하려는 정부 정책의 영향으로 7년 동안이나 유지되었다는 것. 당시에 다른 생필품 물가는 빠르게 인상되었다는 현실을 감안하면 전중윤의 '10원 정책'은 상당히 비싼 대가를 치르는 셈법이 되고 말았다.

야심만만한 출발을 했지만, 대중에게 라면은 낯선 음식이었고 기대만큼 팔리지 않았다. 종로 관철동에 마련한 사무실 겸 영업소와 하월곡동 공장을 왕복하며 바쁜 시간을 보내던 전중윤은 보유하고 있던 은행 주식을 다 팔아 적자를 메웠고, 은행에서 운영 자금을 빌리기도 했다. 부채가 자본금의 5배에 달할 만큼 힘든 시절이었다. 그러나 그는 어떤 기업이든 3년 정도는 운영해보고 결정하는 것이

옳다고 생각해 사업을 밀어붙였다. 직원들이 서울 시내에서 직접 라면을 끓여 나눠주는 무료 시식 행사를 여는 등 라면을 알리는 노력을 이어갔고, 서서히 효과를 거두게 되었다. 삼양라면의 월간 판매량이 100만 개를 돌파한 1965년, 전중윤 사장은 회사 이름을 삼양식품공업으로 바꾸었다. 명실상부한 의미에서 한국 식품 산업이 시작된 셈이다.

삼양식품의 전성기, 종합 식품 기업으로의 도약

1967년, 라면 대중화에 성공한 전중윤은 증가한 소비량과 생산량을 감당하고자 공장을 하월곡동에서 도봉동으로 이전했다. 그는 개발 붐이 일기 시작한 영등포와 도봉동을 두고 고민했다. 회사 내에서는 영등포로 가자는 주장이 많았지만, 이재민들이 개천 주변에 몰려 살던 도봉동으로 결정했다. 2주 동안 견학했던 묘조식품의 사이타마 공장이 인근 주민들에게 많은 일자리를 제공하고 지역 발전에 기여한 데 깊은 인상을 받았던 것이 영향을 주었다.

전중윤은 가족 중 한 사람만 고정보수를 받아도 한 가족 네다섯 명이 먹고살 수 있으리라 계산했다. 그리고 한 가구에 한 명을 원칙으로 도봉구에서만 약 500명의 직원을 새로 뽑았다. 직원들은 배고픔을 해결해준 직장을 소중하게 여겼고, 퇴근 시간이 따로 없을 만

전중윤 사장과 삼양식품 공장.

큼 열심히 일했다.

도봉 공장으로 이전한 후 라면 판매는 급증했다. 또 다른 라면 제조업체가 생겨 경쟁이 시작되었지만, 삼양라면의 독주는 계속되었다. 1968년 1월의 판매량은 1,200만 개를 돌파했고, 당시 삼양식품의 라면 시장 점유율은 80퍼센트에 달했다. 동시에 군의 요구로 군납도 시작했다. 다음 해인 1969년은 삼양식품과 전중윤 사장에게 더욱 기념비적인 해였다. 그해 7월에 라면 판매량이 월간 1,500만 개로 뛰어올라 전년 매출의 배를 기록(76억 3,887만 원)한데다 베트남으로 라면을 처음 수출하는 쾌거도 이룬 것이다.

종합 식품 기업으로의 발전

생산 능력을 키워 도봉 공장으로 이전했지만, 라면 수요는 더 폭발적으로 늘어났다. 이에 전중윤 사장은 영남과 호남에 현지 공장을 세워 계속 증가할 수요에 부응하기로 결정했다. 물론 현지 생산으로 인한 수송비 절감 효과도 감안한 조치였다. 1970년 11월 경남 양산군 기장에 대지 2만 5,000평, 연건평 1만 8,000여 평의 영남 지사가, 1971년 2월에 전북 익산에 대지 2만 700평, 연건평 1만 5,000여 평 규모의 호남 지사가 세워져 가동을 시작했다. 영업망도 제주도까지 포함해 전국으로 확대했다.

이 시기 삼양식품은 라면에만 머물지 않고 스낵, 장류, 유가공 등 식품 전반으로 제품 범위를 넓혔다. 1971년에는 개발실과 분석실을 통합해 식품연구소를 발족했다. 모두 43명의 연구원이 일하는, 당시 한국 최고의 식품연구소였다. 이들의 노력과 전중윤 사장의 아낌없는 지원으로 라면 과자, 컵라면, 레토르트 식품, 두유, 요구르트, 이유식, 아이스버거 등 삼양식품에서 국내 최초로 개발한 제품들이 쏟아져 나왔다. 특히 이유식이라는 개념조차 낯설었던 1971년에 개발된 '삼양 이유식'은 식품연구소에서 심혈을 기울인 역작이었다. 우유와 콩을 원료로 단백질이 23.9퍼센트에 달하고 칼슘과 미네랄도 충분히 넣은 제품이었다. 이렇게 삼양식품은 명실상부한 종합 식품 기업으로 발전해갔다.

한국 식품 산업을 이끌다

삼양라면의 출시 이후, 라면 경쟁사들이 등장했을 뿐 아니라 과자와 음료, 카레, 장류 등을 생산하는 다양한 식품 회사가 세워지면서 한국 식품 산업의 골격이 만들어졌다. 하지만 식품 위생에 대한 인식은 정부와 업계 할 것 없이 낮은 수준이었다. 1966년 10월, 어린이들이 먹는 사탕에 첨가된 롱갈리트라는 표백제가 문제가 되어 7개 제과 업체 관계자들이 식품위생법 위반으로 구속되는 사건이 발생했다. 롱갈리트의 유해성은 명백히 입증되지 않았지만, 결국 국회에서 사용 불가로 결론이 나고 말았다.

이 사건이 남의 일이 아니라고 여긴 전중윤은, 1968년 한국식품과학협회에서 업계 분야 부회장을 맡으면서 협회 업무에 주도적으로 참여했다. 이 단체는 식품과학과 관련된 학술 교류를 통해 학술진흥, 식품 산업 발전 그리고 국민 식생활의 과학화에 이바지하는 것을 목표로 했는데, 창립 당시 실무를 맡았던 권태완 박사는 삼양식품 전중윤 사장의 재정적 기여가 큰 도움을 주었다고 증언했다.

1969년 초, 전중윤은 식품 기업들을 설득해 국민이 안심하고 먹을 수 있도록 식품 제조를 관리하는 조직을 만들기로 결의했다. 삼양식품을 비롯해 미원, 해태제과, 삼립식품, 서울식품 등 10개 식품제조회사가 그해 9월 한국식품생산자협회라는 이름으로 창립 총회를 열고, 보건사회부로부터 설립 승인을 받았다. 11월에는 좀 더 다양한 식품 기업들이 참여할 수 있도록 명칭을 한국식품공업협회로 변경했다.

한국식품공업협회는 2012년 2월 5일 한국식품산업협회로 또 한번 명칭을 변경했고, 현재 회원사는 139개에 달한다. 삼양식품은 최근 발행된《한국식품산업협회 50년사》의 회원사 소개 편에 가장 먼저 나오는 기업이자 회원 번호 1번으로 기록돼 있다.

이건장학재단의 설립

1970년, 전중윤은 자신의 호를 딴 이건장학재단(이하 재단)을 설립했다. 국가와 사회 특히 식품산업 발전에 기여할 인재를 육성하기 위해서였다. 설립 목적은 장학금 지급, 학술 연구비 보조, 장학생의 졸업 후 취업 알선, 인재 육성을 위한 보조 사업이었다. 재단에서는 1차년도인 1970년 7월에 삼양식품 임직원 및 특약점 자녀 중 학업 성적이 우수한 학생들, 각 대학의 식품 관련 학과와 경영학과의 우수 학생 250명에게 장학금을 지원했고 점차 수혜 대상을 확대해나갔다. 1986년 11월 10일에는 명칭을 이건식품학술재단으로 변경해 식품 산업 연구기관에 연구비를 지원했고 이후 영역을 더 확장했다.

미래 인재 육성에
힘쓰던 재단 활동.

다음 해 7월 3일에는 이건식품문화재단으로 다시 명칭을 변경했는데, 식품 소비의 주 담당자인 주부들과 청소년들에게 바른 식품 문화를 교육한다는 목적이 추가되어 도서 출판까지 사업을 확장했다. 2017년 삼양이건장학재단으로 명칭을 바꾼 이 재단은 현재까지 1만 3,000여 명의 학생들에게 장학금을 지급했으며 식품과학에 대한 학술 연구 지원 사업들을 이어오고 있다.

대관령 목장 개척

식품 전반으로 사업을 확장하던 어느 날, 당시 대통령 박정희가 전중윤에게 군수 산업 등 중공업으로의 진출을 권유했다. 하지만 전중윤은 "군수 산업은 식품과 너무 거리가 멀다"며 거절했다. 물론 군수 산업 외에도 '경영 다각화'를 권하는 의견이 여러 차례 나왔다. 한 회사 중역은 호텔 건립을 제안했고, 여러 중역이 전국에 깔린 영업망을 위한 건물 매입이나 신축을 제안했다. 하지만 전중윤 사장은 매번 단호하게 거부하며 식품업 외길을 걸었다. 그러던 어느날 전중윤 사장에게 반가운 제안이 온다. 정부에서 일부 대기업에 축산업을 강력하게 권한 것이다.

일찍이 국민 건강을 위해 단백질과 지방을 더 많이 공급해야 한다고 생각하던 전중윤은 일본 경영 세미나에 자주 참석하며 강원도와 비슷한 고지대인 나가노현의 낙농 단지가 발전하는 모습을 유심히 살펴보던 참이었다. 그는 정부의 제의를 받자 네덜란드, 스위스 등 여러 나라를 방문하며 낙농 산업을 탐구했고, 마침내 산이 많은 강원도에서 목장을 해보자는 마음을 굳혔다. 1971년 9월, 첫 후보지 조사가 시작되었다. 횡성, 평창, 원주 등을 걸어 다니며 면밀히 답사하고 헬기를 타고 공중 조감도 했다. 그 결과, 1972년 2월 24일 평창군 대관령면 해발 800미터의 거대한 산악지대에 삼양축산개발주식회사(현 삼양목장, 이하 삼양목장)를 정식으로 설립하며 대역사를 시작했다.

1972년 5월 첫 삽을 뜬 삼양목장은 7년 뒤인 1979년에 현재와 같은 모습을 거의 갖추었다. 처음에는 나무와 바위만 가득했던 숲 전부를 중장비 투입 없이 인부들이 톱과 괭이만으로 개간했다. 여의도의 7배나 되는 초지를 일구는 것은 쉽지 않은 일이었다. 당시 삼양목장 개발 비용은 한 평당 약 1만 5,000원이었는데, 같은 시기 강남 땅값이 평당 2만 원이라는 사실을 생각하면 삼양목장에 들어간 투자가 어느 정도였는지 짐작할 수 있다.

삼양목장은 젖소 50마리를 키우는 것으로 시작해 전성기에는 3,000마리가 넘는 소를 키웠다. 이렇게 시작한 낙농업은 자연스럽게 사료 산업과 유가공에도 진출하는 발판이 되었다.

개간 초기의 삼양목장과
현재의 모습.

첫 번째 우리 사주 회사, 그리고 원주 시대

삼양식품이 초기에 어려울 때 은행 주식을 팔아 버렸다고 했는데, 전중윤은 창업 이전부터 주식에 관심이 많았다. 그는 삼양식품 역시 개인 회사가 아니라 회사의 구성원들이 주주가 되는 준準공유 회사가 되는 쪽이 좋다고 확신하고 있었다. 그렇게 돼야 모든 직원이 회사의 주인이라는 자부심과 긍지를 가지고 업무에 임하리라는 생각에서였다.

이후 회사 경영이 어느 정도 궤도에 오르자, 전중윤 사장은 중역들에게 주식을 갖도록 권유했다. 이것이 성공을 거두자 주식 소유를 부장급, 차장급, 일반 직원들에게까지 확대했고, 지금의 대리점 격인 특약점의 점주들도 주식을 가질 수 있게 했다. 이는 한국 기업사에 기록된 첫 사원 지주제로서, 선진국형 경영의 시초였다는 평가를 받는다.

1980년대 전중윤 사장은 국내외 15개의 사업장과 8개의 계열 회사를 운영하며 국내 굴지의 종합 식품 기업 체제를 완성했다. 창사 20주년이 되는 1981년 2월 26일에 개최된 이사회에서 전중윤 사장은 회장으로 취임했다. 삼양식품그룹의 새 출발이었던 당시, 전중윤 회장이 중역들에게 한 당부는 다음과 같았다.

첫째, 창업 동기를 망각하지 말고 계속해서 창업정신을 바탕으로 그룹을 발전시켜나가야 하며, 완급을 적절히 조절해서 중용에 의한 발전을 도모해야 한다.

둘째, 경영자는 바뀌지만 경영은 영원하다는 것을 잊지 말고, 신임 사장은 창업한다는 자세로 노력해달라.

셋째, 중지를 모은 독단은 효율적이고 권장할 만한 방식이지만, 거기에는 반드시 포용력이 따라야 한다. 또한 인선과 승진, 보직에서는 몸과 마음이 건강하고 솔직하고 명랑한 성품을 가진 적극적인 행동가를 우선시해야 한다.

넷째, 경영철학은 항상 정당한 노력의 대가만을 추구해야 하며, 일확천금을 노리는 투기적 발상을 철저히 배제해야 한다.

이후 삼양식품은 서울의 팽창과 택지화로 인해 도봉 공장을 내놓고 원주 우산동으로 공장을 이전했다. 원주로의 이전은 지역 균형 발전을 추진하고자 하는 정부 정책에 따른 조치였지만, 수도권에 남길 원하는 많은 우수 직원을 잃어야만 하는 어려운 결정이기도 했다. 하지만 평소 균형 발전을 강조해온 전중윤 회장으로서는 낙후한 강원도에 일자리를 만들겠다는 사명감이 먼저였다. 삼양식품은 원주에 완벽한 종합 식품 단지를 만들기 위해 5만 평에 가까운 부지를 확보했다.

현재 원주 공장의 규모는 대지 4만 7,000평, 연건평 3만 9,587평이다. 라면, 스낵, 소스 등을 생산하는 최첨단 라인과 더불어, 라면의 주원료인 1등급 밀가루를 생산하는 '삼양제분', 스프의 주원료를 공급하는 '삼양내추럴스', 장애인 고용을 통해 기업의 사회적 책임을 이행하는 원재료 선별 법인 '삼양THS', 포장용 판지 생산을 담당하는 '삼양프루웰' 그리고 물류를 담당하는 '삼양로지스틱스' 등 식품그룹 및 관계 계열사가 모여 있다. 이곳은 원주 지역 최대의 공장으로 지역경제에 큰 공헌을 하고 있다.

연이은 위기와 재기

1989년 11월, 상상할 수 없었던 시련이 전중윤 회장과 삼양식품을 덮쳤다. 공업용 우지로 면을 튀겼다는 익명의 투서가 서울지방검찰청에 날아들면서 소위 '우지 사건'이 시작된 것이다.

이 사건으로 삼양라면은 졸지에 불량식품으로 전락했으며, 엄청난 반품이 공장 마당에 쌓였다. 직원들은 라면 봉지를 일일이 뜯어 면은 사료용으로 넘기고 스프는 버리는, 그야말로 피눈물 나는 작업을 해야 했다. 폐기된 라면은 160만 상자에 달했다. 몇 달 사이 1,000명이 넘는 직원들이 자의 혹은 타의로 정든 회사를 떠났다. 시장 점유율은 10퍼센트 중반으로 급락했고, 법적 다툼은 7년 넘게 이어졌다. 많은 임원은 당시 변호를 맡은 변호사의 항변을 인상 깊게 기억하고 있다.

밥은 사람이 먹을 수도 있고, 개가 먹을 수도 있습니다. 개가 먹으면 개밥이 되는 것입니다. 우지도 마찬가지입니다. 라면에 쓰면 식용이고 기계에 쓰면 공업용이지, 따로 있는 것이 아닙니다.

당시 적지 않은 수의 전문가들이 나서서 우지의 부해성을 과학적으로 증명했고, 원주와 익산 주민은 시위와 구매운동까지 하면서 삼양식품을 도우려 애썼지만, 여론을 뒤집기에는 역부족이었다. 오랜 법정 투쟁을 이어가던 이 시기에, 전중윤 회장은 정부의 쌀 소비 권장 정책에 발맞춰 쌀을 원료로 하는 쌀라면을 출시하는 등 위기에 빠진 회사를 다잡았다.

1997년에 와서야 삼양식품은 대법원의 무죄 선고를 받았다. 명예는 회복했지만 이로 인해 입었던 엄청난 피해를 복구할 방법은 없었으며 그 상처는 너무나 컸다. 당시 정부를 대상으로 배상금을 청구하자는 의견이 많이 제기되었지만, 전중윤 회장은 거절했다. 삼양식품이 이렇게 성장한 것도 나라 덕분이라는 이유였다.

우지 사건의 상처가 채 아물기도 전, 삼양식품은 IMF 외환 위기를 맞고 말았다. 45퍼센트에 달하는 살인적인 이자율과 800원에서

1,800원으로 급등한 환율, 그리고 대두 선물 거래의 실패 등 여러 일이 겹치면서 삼양식품그룹은 파산 직전까지 몰렸다.

회사를 살리려는 전중윤 회장의 필사적인 노력에도, 1998년 끝내 부도와 화의가 결정되었다. 이후 공장 부지와 시설, 일부 계열사와 개인 자산을 처분하는 등 경영권을 지키기 위한 노력이 이어졌고, 2005년 3월 23일, 6년 6개월 만에 화의 채무의 99퍼센트를 해결했다. 당시 서울중앙지방법원의 사건 담당 판사는 '판사는 판결문으로만 말한다'라는 불문율을 깨고 "판사라는 신분을 떠나 자연인으로서, 어린 시절에 삼양라면을 먹고 자란 사람으로서 존경을 표한다"라며 전중윤 회장에게 찬사를 보냈다. 금융기관은 물론 거래처의 채무까지 깨끗하게 정리한 데 대한 찬사였다.

엄청난 대가를 치르긴 했지만 삼양식품은 결국 살아남았다. 80대의 노장 투혼을 보인 전중윤 회장은 이제는 되었다는 듯이 2005년 5월 장남 전인장 회장을 삼양식품 대표이사와 그룹 부회장으로 발령하면서 경영 일선에서 물러났다. 그리고 2010년 3월, 퇴임식을 하고 명예회장으로 추대되면서 경영에서 완전히 손을 뗐다. 퇴임식 장소는 하월곡동 본사 사옥, 그가 50년 전 라면을 처음 생산한 그 공간이었다.

같은 해 5월 14일, 정부는 식품 산업의 발전에 기여한 전중윤 명예회장에게 국민훈장 동백장을 수여하여 그의 공로를 기렸다. 9월

218

1일에는 기업가 정신 대상을 받으면서 평생 받은 700여 개의 표창과 서훈, 감사장의 마지막을 장식했다.

21세기에 접어들면서 한국 라면의 본격적인 해외 진출이 이루어졌고, 국내 라면 시장의 경쟁도 한층 치열해졌다. 소비 계층 분석이 어린이와 여성 등 다양하게 세분화된 것도 이 시기의 일이다. 일찍이 이런 분위기를 감지한 전중윤 회장은 1998년 1월 며느리 김정수를 전무이사로 임명해 경영에 참여시킨 바 있다. 직접 쓴 《가보》에서 그는 이 인사에 대해 이렇게 설명했다. "식품 회사는 여성 임원이 주도하는 것이 효율적이라고 생각했다. 식품 산업은 소비자 편에서 생각해야 하고 섬세함과 솔직함을 바탕으로 맛과 영양을 중시한다는 점에서 여성이 적격일 것으로 판단했기 때문이다."

이 생각은 적중했다. 김정수 전무는 2010년 삼양식품 총괄사장에 취임해 마케팅 부문을 이끌면서 2011년 나가사끼짬뽕과 2012년 불닭볶음면의 개발을 지휘했다. 이 제품들이 대박을 터뜨리면서 삼양식품은 완전히 재기에 성공한다. 현재 불닭볶음면의 파생상품 종류는 약 40여 종이며 누적 매출액 1조 2,000억 원에 달할 정도로 큰 성공을 거두었다.

마지막 소명, 식량 안보와 풍력 발전

전중윤이 인생의 마지막에 관심을 뒀던 분야는 식량 안보였다. 경영 일선에서 물러나 가졌던 인터뷰에서 그는 식량 문제에 열중하는 이유를 이렇게 설명했다.

지금도 세계적으로 식량이 40퍼센트 모자란다. 우리도 쌀만 자급률이 높지 다른 건 다 모자란다. 전부 수입해 오는 실정이다. 게다가 북한은 우리의 절반도 생산하지 못할 것이다. 그만큼 식량 문제 해결이 절실하다.

전중윤 명예회장의 장서 중에서도 이 분야에 관한 책들이 적지 않았고, 2010년 4월 27일 출범한 한국식량안보연구재단에도 많은 기여를 했다. 우지 사건 이후에는 당시까지 하던 대외 활동을 모두 정리했지만, 이례적으로 90세 나이에 한국식량안보연구재단 고문을 맡기도 했다. 그가 식량 안보를 얼마나 중요하게 생각했는지를 알 수 있다.

그가 말년에 관심을 기울였던 또 다른 분야는 신재생 에너지였다. 마침 그가 사랑하는 대관령 목장은 풍력 발전의 최적지였다. 2005년부터 풍력 발전기가 하나 둘씩 설치되기 시작해, 지금은

53대의 풍력 발전기가 돌아가고 있다. 삼양목장에서 생산되는 전력은 강릉시 전력 수요의 70퍼센트가량을 충당할 양이다.

대관령을 굽어보며

이건 전중윤은 2013년 3월, 삼양라면 출시 50주년을 맞아 《중앙 SUNDAY》와 인터뷰하면서 마지막으로 세상과 만났다. 그 인터뷰에서 전중윤은 그가 경영자로서 평생 가져왔던 생각을 털어놓았다. 그 핵심을 정리하면 다음과 같다.

기업의 가치는 결국 사회 공헌이다. 일자리를 만들고 세금을 납부해 국부를 살찌우고 지역사회에 이바지하는 것이다.

자식보다 소중한 존재가 기업이다. 기업인은 기업에 모든 것을 걸어야 한다. 그 성취를 못 이루면 기업은 안 되는 거다. 임직원의 식구까지 책임지는 것이나 마찬가지이기 때문이다.

기왕 사람으로 태어난 이상 인류를 위해 기여해야 한다. '그냥 사람이니까 사람으로 산다', 이런 건 안 된다. 사회를 위해 무언가 공헌해야 하고 발전해야 한다. 중국에서 지인이 《순자》에 나온 내용을 써서

보내주었다. '美意延年(미의연년: 아름다운 마음을 지니면 오래 산다)'이다.
또, 어떤 종교든 하나를 믿고 살아야 한다. 그러면 신념이 강해진다.

이건 전중윤은 2014년에 7월 10일, 현대아산병원에서 95년의 삶
을 뒤로하고 세상을 떠났다. 장례식은 원주 공장에서 치러졌고, 전
중윤은 대관령의 삼양목장에서 영면에 들었다.

연보

1919	강원도 김화군 출생
1954	동방생명(현 삼성생명) 창업, 부사장
1961	삼양식품 창업
1963	국내 최초 라면 '삼양라면' 생산
1969	국내 최초 라면 수출(베트남) / 동탑산업훈장 수상
1970	이건교육재단(현 삼양이건장학재단) 설립 / 한국식품공협협회 초대 회장
1972	삼양목장 개척
1975	삼양유통, 삼양농수산, 삼양판지(현 삼양프루웰) 설립
1978	대화의원 개원 / 은탑산업훈장 수상
1980	삼양USA 설립 / 배화학원 이사장 역임
1981	삼양식품 그룹 체제 전환 및 회장 취임
1985	금탑산업훈장 수싱
1988	강원대학교 명예농학박사학위 수여
1995	미수복 강원도 중앙도민회장
2010	삼양식품 명예회장 추대 / 국민훈장 동백장 수상
2014	삼양목장에 영면

그 외 훈장 및 감사패 100여 건 수상

부록 2

색다른
라면 레시피로의
초대

이곳에 소개된 레시피는 삼양이건장학재단에서 개최한 '삼양
이건드림 요리 장학생 선발대회'에 2016년부터 2019년까지
출품된 레시피 중 수상작 일부를 선별한 것이다.

삼양이건장학재단은 故 이건 전중윤 삼양식품 창업주가 '기
업의 이윤은 사회에 환원해야 한다'라는 신념을 실천에 옮기
기 위해 1970년에 설립한 공익재단으로, 설립부터 지금까지
다양한 장학사업과 학술 연구, 도서 출판 지원사업을 통해 국
가 사회 발전에 이바지하고 있다.

감바스 깻잎 라면

깻잎과 마늘 향을 듬뿍 머금은 스페인식 감바스 라면

재료(2인 기준)　감바스 라면 재료　라면사리 2개, 마늘 4쪽, 페페론치노 3개, 대하 6개,
브로콜리 4쪽, 방울토마토 6개, 올리브유 4Ts, 바게트, 어린 잎
깻잎페스토 재료　잣 두 주먹, 깻잎 100g, 파르메산 치즈 100g,
마늘 4쪽, 소금 1ts, 후추 약간

만들어
볼까요

1 마늘 4쪽을 슬라이스하고, 페페론치노는 잘게 부수어 준비
한다.
2 대하는 머리와 꼬리를 제외한 나머지 껍질을 깐 후, 내장을
제거하여 준비한다.
3 브로콜리, 방울토마토를 먹기 좋은 한입 크기로 썬다.
4 잣, 깻잎, 파르메산 치즈, 마늘, 소금, 후추를 믹서에 넣고 갈
아 깻잎페스토를 만들고, 바게트는 구워둔다.
5 끓는 물에 라면사리를 3분만 삶고, 체에 받쳐 준비한다.
6 손질한 마늘, 페페론치노, 새우, 브로콜리를 기름을 두른 팬
에 볶는다.
7 준비해두었던 라면사리와 방울토마토, 깻잎페스토 3Ts를 팬
에 넣어 1분간 볶는다.
8 면, 토마토, 브로콜리, 새우, 어린 잎, 바게트를 먹기 좋게 플
레이팅한다.

요리 비하인드 스토리

건강한 라면을 만들고 싶었던 참가자는 라면을 삶아 기름기를 제거하여 칼로리를 줄였고, 불포화지방산이 풍부한 올리브유를 넣어 요리에 고소한 맛을 더했습니다. 건강과 맛은 물론이고 비주얼까지 훌륭한 요리였습니다. (청소년 부문)

고.치.라볼

달콤한 고구마가 들어간 라면 튀김 요리

재료(2인 기준) 삼양라면 2개, 고구마 4개, 달걀 2개, 모차렐라 치즈 100g, 케첩 4Ts, 올리고당 3Ts, 식용유, 튀김가루

1 고구마는 삶아 으깨놓는다.
2 라면을 삶지 않고 작은 크기로 부숴놓는다.
3 고구마를 넓적하게 펴서 그 안에 치즈를 넣고 동그랗게 빚는다.
4 두 개의 볼에 튀김가루와 달걀물을 각각 준비하고, 3을 넣어 튀김가루-달걀물 순서로 묻힌다.
5 달걀물에서 건져낸 고구마볼을 부숴놓은 라면에 굴린다.
6 식용유 적당량을 팬에 붓고 기름이 뜨거워지면 5를 넣어 튀겨낸다.
7 케첩에 올리고당을 섞어 소스를 만들면 완성.

학교에서 고구마를 이용해 요리해본 경험이 있던 참가자는 그때의 경험을 살려 발전된 라면 요리를 만들었습니다. 식감을 좋게 하기 위해 라면을 이용했고, 그 결과 더 바삭한 라면 튀김 요리를 만들수 있었습니다. (유소년 부문)

돈부리 라면

맛있는 돈부리(덮밥)에 밥 대신 라면을 넣은 요리

재료(2인 기준) 짜짜로니 2개, 돈가스 2장, 달걀 2개, 양파 1/2개,
대파 1/2대(흰 부분만), 데리야키 소스 6Ts, 식초 1ts, 건고추 2개,
실파 약간, 물 혹은 육수 500㎖

만들어
볼까요

1 돈가스는 굽거나 튀겨 준비한다.
2 면은 끓는 물에 2분간 삶아 건져 물기를 뺀다.
3 기름을 두른 팬에 어슷 썬 대파와 건고추를 넣어 볶는다.
4 숨이 죽으면 채 썬 양파를 넣어 볶다가 갈색이 돌면 물을 붓는다.
5 4에 짜짜로니 소스 2개, 데리야키 소스, 식초를 넣어 끓인다.
6 불을 끄고 달걀을 풀어 반만 두른 후 잠시 익힌다.
7 그릇에 면을 넣고 돈가스를 세로로 잘라 위에 얹는다.
8 남은 달걀과 소스를 7위에 얹는다.
9 송송 썰어둔 실파를 고명으로 뿌려 마무리한다.

요리 비하인드 스토리

참가자는 간편식품이 점점 고급화되는 추세에 맞춰, 라면 또한 멋진 한 끼 요리가 될 수 있다는 생각으로 돈부리 라면을 개발했습니다. 누구에게나 익숙한 짜장 소스를 이용해 쉽게 따라 할 수 있으면서도 맛있는 요리로 만들었습니다. (대학 부문)

팀명 키에키친

라면 만두탕

두 가지 라면을 이용한 건강에 좋은 이색적인 탕 요리

탕에 라면을 사리로 넣어 먹는 것 이외에 새로운 방법을 개발하고 싶어 만든 요리로, 라면의 맛과 다진 고기를 이용해 만든 만두가 이색적인 요리였습니다. 훌륭한 비주얼과 찬바람 부는 날씨에 생각나는 진한 국물 맛이 일품이었습니다. (대학 부문)

재료(2인 기준)   만두 재료 삼양라면 1개, 불닭볶음면 1개, 간 돼지고기 150g,
달걀 2개, 부추 30g, 양파 30g, 밀가루 1/3Ts, 소금, 후추
전골 재료 물 800㎖, 배추, 버섯, 당근, 다진 마늘 1/2Ts, 고추,
부추 적당량, 된장 2Ts, 소금 1/2ts

만두

1 삼양라면과 불닭볶음면을 2분간 삶아 건져놓는다.
2 1에 삼양라면 스프 1/2봉, 달걀 1개, 밀가루를 넣어 섞은 후
에 식힌다.
3 간 돼지고기에 양파, 부추를 0.5cm로 잘라 섞고, 소금과 후
추를 약간 뿌린다.
4 적당량의 기름을 두른 프라이팬에 식힌 면을 펼치고, 고기
소를 넣어 반으로 접어 노릇노릇하게 굽는다.

전골

1 물 800㎖에 남은 라면 스프, 된장, 소금, 다진 마늘을 넣고
끓인다.
2 배추와 부추는 4cm 길이로 썰고 버섯과 당근은 먹기 좋게
썰어 준비한다.
3 냄비에 재료를 다 담고 육수를 부어 끓여준다.
4 만들어둔 만두를 넣고 한소끔 더 끓여 마무리한다.

팀명 몽이와 은행이

라면 채소쌈

간식이나 식사 대용으로 간편하게 먹기 좋은 라면 채소쌈

요리 비하인드 스토리

라면으로 이색적인 요리를 만들고 싶었던 참가자가 평소 즐겨 먹는 월남쌈에 라면을 넣으면 맛있겠다는 아이니어로 개발한 라면 요리입니다.

일반적으로 끓여 먹는 국물 라면이 아닌, 든든한 식사로도 일품인 이색 간식으로 재탄생했습니다. (유소년 부문)

재료(2인 기준)   삼양라면 2개, 라이스페이퍼, 빨강 파프리카 2개, 양배추 1/4개,
깻잎 1묶음, 오이 1/4개, 맛살 90g, 피클, 오리엔탈 소스, 참깨 소스

만들어
볼까요

1 라면을 3분간 삶고 찬물에 헹구어 식힌 후, 오리엔탈 소스에 살짝 버무려놓는다.
2 준비한 재료들을 채 썰어두고, 라이스페이퍼는 물에 넣어둔다.
3 흐물해진 라이스페이퍼를 프라이팬에 적당히 굽는다.
4 구운 라이스페이퍼에 참깨 소스를 바르고 채소와 라면을 넣고 말아서 칼로 먹기 좋게 이등분한다.

락사면

라면으로 즐기는 싱가포르의 소울푸드 락사

요리 비하인드 스토리

사이좋은 두 자매가 함께 참가하여 환상의 팀워크를 뽐낸 요리입니다. 여행을 좋아하는 자매는 여름방학에 동남아시아 여행을 함께 다녀온 뒤, 현지에서 맛본 싱가포르 전통 음식 '락사'를 잊을 수 없었습니다. 자매는 사랑하는 부모님과 친구들에게 락사의 맛을 보여줄 방법을 고안한 끝에 싱가포르식 퓨전 라면 요리를 개발했습니다. (대학 부문)

재료(2인 기준) 삼양라면 2개, 새우 6마리, 마늘 3알, 숙주 3줌,
코코넛밀크 200㎖, 물 800㎖, 청양고추 2개, 달걀 1개, 식용유

만들어
볼까요

1 숙주는 잘 씻어 물기를 제거하고, 청양고추는 슬라이스하고, 마늘은 다져서 준비한다.
2 물기를 제거한 숙주를 볼에 담아 스프 1봉을 넣고 버무린다.
3 식용유를 두른 큰 팬에 마늘을 넣어 볶다가 향이 나면, 손질한 새우를 넣고 볶는다.
4 버무린 숙주를 3의 팬에 넣고 살짝 숨이 죽을 때까지 함께 볶는다.
5 4에 물을 붓고 보글보글 끓으면 면 2개, 나머지 스프와 플레이크, 썰어놓은 청양고추를 넣는다.
6 코코넛밀크를 넣고 2분간 더 끓인다.
7 다 끓인 락사면을 그릇에 옮기고, 달걀을 올려 마무리한다.

팀명 은사

뽕채 라면

아보카도와 함께 가볍고 시원하게 먹을 수 있는 과일 냉라면

어느 무더웠던 여름날, 시골 본가에서 땡볕 아래 농사를 짓고 계실 부모님을 생각하며 만든 별미 냉라면입니다. 피로 회복에 좋은 레몬과 자외선으로부터 피부를 보호해줄 아보카도, 토마토로 식욕을 돋워 시원 매콤 상큼한 '짬뽕 화채 라면(뽕채라면)'이 탄생했습니다. (대학 부문)

재료(2인 기준) 삼양라면 2개, 삶은 달걀 1개, 모둠 해물 140g, 양파 1/4개,
표고버섯 2개, 대파 1/2대, 다진 마늘, 아보카도 1개, 방울토마토 4개,
레몬 1개, 치킨스톡 1ℓ(물 1ℓ, 치킨 파우더 4Ts, 간장 1Ts),
맛술 1Ts, 고운 고춧가루 4Ts, 식용유, 후추

1 팬에 식용유를 두르고 파를 넣어 파기름을 낸 후, 간장과 다진 마늘을 넣고 볶는다.
2 약불에 고운 고춧가루를 넣어 한 번 더 볶는다.
3 모둠 해물에 후추를 살짝 뿌리고 볶다가 어느 정도 익으면 슬라이스한 양파와 버섯을 넣어 볶는다. 여기에 맛술을 넣어 비린내를 잡아준다.
4 3에 치킨스톡을 붓고 강불에 끓이다 팔팔 끓어오르면 불을 끄고 식힌다. (냉장고에 30분 보관)
5 끓는 물에 라면의 면을 4분간 삶은 후 찬물에 헹궈 그릇에 담고 4를 붓는다.
6 고명으로 슬라이스한 아보카도, 토마토, 레몬, 삶은 달걀을 올린 후 후추를 살짝 뿌려 마무리한다.

쌈장나라 마요공주

쌈장과 마요네즈를 활용한 짭짤하면서도 고소한 맛이 일품인 볶음 라면

재료(1인 기준) 라면사리 2개, 베이컨 4~8줄, 아스파라거스 2줄, 쌈장 2.5Ts,
마요네즈 2Ts, 다진 마늘 2ts, 간장 2Ts, 버터 약간, 청양고추 2개,
식용유 10Ts, 올리고당 4Ts, 물 400㎖, 참기름 1Ts, 깨와 쪽파 약간

1 베이컨, 아스파라거스, 쪽파를 4~5cm 길이로 썰고 청양고
추는 송송 썰어놓는다.

2 아스파라거스는 끓는 물에 15초간 데친다.

3 라면사리는 팔팔 끓는 물에 2분간 삶아 찬물에 헹군 후 체
에 받쳐 물기를 뺀다.

4 준비해둔 쌈장, 마요네즈, 간장, 청양고추, 올리고당을 볼에
넣어 섞는다.

5 팬에 소량의 기름을 두르고 베이컨을 볶는다.

6 베이컨이 익으면 다진 마늘과 4의 소스를 넣어 잘 섞는다.

7 여기에 물을 붓고 삶아놓은 면을 넣어 자작하게 볶는다(기
호에 따라 면의 익힘 정도를 조절한다).

8 불을 끄고 참기름과 깨를 뿌려 잘 섞고 마무리한다.

요리 비하인드 스토리

요리의 맛은 물론이고, 식품영양학과 학생 2명의 진지함과 열정이 인상적이었습니다. 느끼한 맛을 보완하기 위해 수십 번 재료를 변경하고, 팀원을 제외한 7~8명에게 맛을 평가받고, 해당 레시피의 1일 영양 권장량 대비 영양소 분석을 하는 등 '소비자 입맛에 맞춘 건강한 요리 개발'이라는 학과의 기본 철학을 지키려는 의지가 가득했습니다. (대학 부문)

호로록 그라탕

초등학생들에게 인기 만점인 피자와 라면의 쫄깃한 만남!

재료(2인 기준) 불닭볶음면 2개, 피자치즈 100g, 햄 100g, 칵테일새우 10개,
녹색 파프리카 또는 청피망 1개, 양파 반 개, 시판용 토마토 소스 6Ts,
삼양불닭소스 6Ts, 참치액(또는 멸치액) 1Ts, 식용유 1Ts

만들어
볼까요

1 햄과 양파는 채 썰어 준비한다.
2 프라이팬에 기름을 약간 두른 후 칵테일새우, 햄, 양파를 함
께 넣고 소금과 후추토 간하여 볶는다.
3 끓는 물에 면을 삶은 후 건져 찬물에 헹군다.
4 헹군 면에 참치액과 식용유를 넣고 버무린다.
5 양념한 면을 접시 위에 담고 토마토 소스와 삼양불닭소스
를 섞어 만든 소스를 뿌리고 그 위에 2를 올린다.
6 그 위에 피자치즈를 얹은 후 치즈가 다 녹을 때까지 전자레
인지에 3분 30초를 돌리면 완성.

요리 비하인드 스토리

장래희망이 요리사인 초등학생 참가자는 '라면도 훌륭한 요리가 될 수 있다'
는 것을 보여주고 싶었습니다. 이 요리로 대회에서 우수상도 받고, 앞으로의
꿈인 요리사에 한 걸음 더 다가가게 되었습니다. 참가 학생은 물론 응원하러
온 가족 모두가 뿌듯한 시간이었습니다. (유소년 부문)

* 요리 진행에 도움을 주신
호면당 이지혜 셰프 및 관계자분들께 감사드립니다.

맹원로, 《동경몽화록》, 김민호 옮김, 소명출판, 2010.

무라야마 도시오, 《라면이 바다를 건넌 날》, 김윤희 옮김, 21세기북스, 2015.

복효근, 《운동장 편지》, 창비교육, 2016.

《삼양식품 30년사》, 삼양식품그룹, 1991.

안도현, 《사람 사람》, 신원문화사, 2015.

오쿠보 히로코, 《에도의 패스트푸드》, 이언숙 옮김, 청어람, 2004.

이욱정, 《누들로드》, 예담, 2009.

이철로·맹영선, 《식품위생사건백서》, 고려대학교 출판부, 2000.

임재학 글·장영철 그림, 《식품황제 전중윤》, 호산문화, 1991.

주영하, 《한국인, 무엇을 먹고 살았나》, 한국학중앙연구원, 2017.

지영준, 《라면 완전 정복》, 북레시피, 2017.

하야미즈 겐로, 《라멘의 사회생활》, 김현욱·박현아 옮김, 따비, 2017.

하창수, 《라면에 관한 알쓸신잡-라면인문학》, 달아실, 2018.

Q. 에드워드 왕, 《젓가락》, 김병순 옮김, 따비, 2017.